中国金融市场发展报告

2021

中国人民银行上海总部《中国金融市场发展报告》编写组

中国金融出版社

责任编辑：黄海清　童祎薇
责任校对：孙　蕊
责任印制：程　颖

图书在版编目(CIP)数据

中国金融市场发展报告. 2021 / 中国人民银行上海总部《中国金融市场发展报告》编写组编. —北京：中国金融出版社，2022. 11

ISBN 978 – 7 – 5220 – 1787 – 7

Ⅰ.①中…　Ⅱ.①中…　Ⅲ.①金融市场—研究报告—中国—2021　Ⅳ.①F832. 5

中国版本图书馆CIP数据核字（2022）第188264号

中国金融市场发展报告2021
ZHONGGUO JINRONG SHICHANG FAZHAN BAOGAO 2021

出版
发行　中国金融出版社

社址　北京市丰台区益泽路2号
市场开发部　（010）66024766，63805472，63439533（传真）
网 上 书 店　www.cfph.cn
（010）66024766，63372837（传真）
读者服务部　（010）66070833，62568380
邮编　100071
经销　新华书店
印刷　河北松源印刷有限公司
尺寸　210毫米×285毫米
印张　9.75
字数　197千
版次　2022年11月第1版
印次　2022年11月第1次印刷
定价　106.00元
ISBN 978 – 7 – 5220 – 1787 – 7
如出现印装错误本社负责调换　联系电话（010）63263947

编写委员会

主　任：刘国强

副主任：邹　澜　马贱阳　金鹏辉

执行副主任：高　飞　彭立峰　郑五福　谢　宁　朱　江

成　员：

王振营　王维强　孔　燕　叶春和　刘　凡　刘　逖
何海峰　宋丽萍　荣艺华　唐　瑞　曹媛媛　崔　嵬
康　蕾

编写小组：

审稿：江会芬　黄　宁　苟　宇　邢莹莹　车士义　郑玉玲
侯玘松　邝希聪

执笔：第一章　王家辉　王伟民　孙欣欣　童浩翔

第二章　周庆武　李　霖　李　源　尚晓黎　邬自正
刘楚白

第三章　杨　婕　陈　娜　李智康　郭宏坚

第四章　童小军　李旭光　纪苏屹　杨悰淙　李鑫杰
王永涛　李秋菊　闫彦明　马隽卿　唐逸舟
周　彬

第五章　胡迎春　郑如斯　丛菲菲　李清钰　李　婧
吴思思

第六章　来　鑫　柴天仪　佟　珺

第七章　张一铮　唐　烈　谢国晨

第八章　王伟民　黄铄珺　向立力

第九章　刘　彦　朱小川　朱云玮　李彩云　郭　婷　杨芷妮　李　仲
　　　　常鑫鑫　冯　波

附录一、二　来　鑫

专题一　杨　扬

专题二　许文涛

专题三　何　瑾　徐昱程

专题四　张克菲

专题五　罗开诚

专题六　常　明

专题七　胡　慧　高一铭

专题八　李鑫杰

目 录

第一章　总　论

2021年，受新冠肺炎疫情反弹扰动，全球经济总体复苏但走势前高后低，国际金融市场震荡加大，主要经济体货币政策转向。面对复杂严峻的外部环境，中国经济持续稳定恢复，高质量发展取得新成效。金融市场规模持续扩大，市场改革与创新稳步实施，对外开放有序推进，市场平稳运行，服务实体经济力度不断增强。

一、2021年中国金融市场发展的宏观环境

（一）国际经济与金融环境

1. 世界经济复苏

（1）全球经济走势前高后低

2021年上半年，在疫苗接种进展顺利与发达经济体财政政策刺激下，全球经济复苏势头较好。下半年，新冠病毒变异毒株奥密克戎（Omicron）加速蔓延，持续影响供应链修复，全球经济复苏边际放缓。

从发达经济体的数据看，全年实现正增长，增长率在第二季度达到峰值。2021年美国实际GDP增长率为5.7%，各季度增长率分别为0.6%、12.2%、5.0%和5.5%①；欧元区实际GDP增长率为5.4%，各季度增长率分别为-1.0%、14.8%、3.9%和4.6%；日本实际GDP增长率为1.7%，各季度增长率分别为-1.7%、7.3%、1.2%和0.4%；英国实际GDP增长率为7.4%，各季度增长率分别为-5.0%、24.5%、6.9%和6.6%。

新兴市场与发展中经济体经济增长也呈现相同趋势。2021年，印度实际GDP增长率为8.9%，各季度增长率分别为2.5%、20.1%、8.4%和5.4%；巴西实际GDP增长率为4.6%，各季度增长率分别为1.3%、12.3%、4.0%和1.7%；俄罗斯实际GDP增长率为4.7%，各季度增长率分别为-0.3%、10.5%、4.0%和5.0%；南非实际GDP增长率为4.9%，各季度增长率分别为-2.4%、19.5%、3.0%和1.7%。

（2）全球贸易增长迅速

2021年全球贸易总额达到创纪录的28.5万亿美元，同比增长25%，超过2019年疫情暴发前的水平②。从时间看，贸易增长在上半年站稳脚跟，第四季度增长加速。从类型看，货物贸易保持强劲势头，在第四季度增加了近2 000亿美元，创下5.8万亿美元新纪录。服务贸易在第四季度达到1.6万亿美元，也恢复到了疫情前的水平。分经济体看，欧盟27

① 美国GDP各季度增长率口径为折年数同比，其余各国为当季同比。

② 资料来源：联合国贸易和发展会议（UNCTAD）2022年2月发布的《全球贸易最新情况》（*Global Trade Update*）。

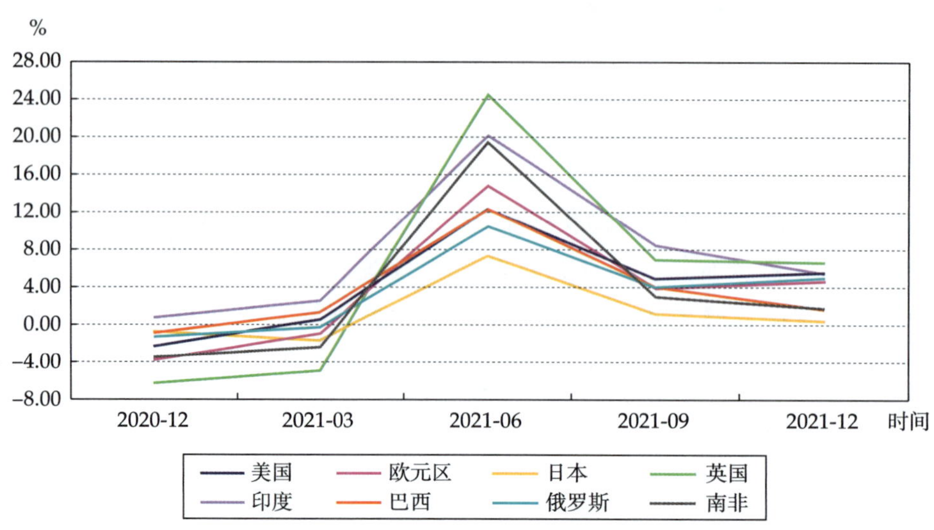

图1-1 2020—2021年世界主要经济体经济增速（季度）

（数据来源：Wind）

国、中国、美国、日本、英国、印度、俄罗斯和巴西的进出口总额分别为13.08万亿美元、6.05万亿美元、4.61万亿美元、1.53万亿美元、1.16万亿美元、0.97万亿美元、0.78万亿美元和0.53万亿美元，占全球总额的比重分别为45.9%、21.3%、16.2%、5.4%、4.1%、3.4%、2.8%和1.9%。

（3）国际直接投资大幅回升

2021年全球外商直接投资（FDI）流入额为1.58万亿美元，较受疫情影响处于低点的2020年增长了64%，超过了2019年疫情前的水平①。在流入方面，发达经济体FDI流入额为7 457亿美元，同比大增133.6%，占全球跨境投资增长的68.9%；发展中经济体FDI流入额为8 366亿美元，同比增长29.9%。在发达经济体中，美国的FDI流入额同比大增143.6%；加拿大吸引外资增幅高达157.5%，排名从上年的第12位上升到第5位。在流出方面，美国、欧盟、日本对外直接投资分别为4 031亿美元、3 976亿美元和1 468亿美元，同比分别增长71.6%、498.7%和53.4%；亚洲发展中经济体对外直接投资额为3 941亿美元，同比增长4.2%。

（4）大宗商品价格大幅上涨

产需错位、极端天气、地缘政治冲突等因素推动能源价格持续上涨。2021年，以美国西得克萨斯轻质原油（WTI）衡量的国际油价震荡上升，由年初的47.62美元/桶上升到12月31日的75.21美元/桶，涨幅达到57.94%。粮农组织食品价格指数由1月的113.3点上升至12月的133.7点。多数有色金属价格上涨。截至2021年底，伦敦金属交易所（LME）现货铜、铝、锌、铅、锡、镍分别报收9 692.0美元/吨、2 806.0美元/吨、3 630美元/吨、2 328.5美元/吨、39 635美元/吨和20 925美元/吨，较年初分别上涨了22.4%、39.4%、30.8%、15.1%、88.4%和20.6%。国际贵金属行情全年震荡，伦敦现货黄金价格年末定盘价为1 820.1美元/盎司，较年初下跌6.3%。

① 资料来源：联合国贸易和发展会议发布的《2022年世界投资报告》。

2. 国际金融市场震荡加大

（1）发达经济体货币政策转向

2021年上半年，主要发达经济体普遍维持宽松货币政策。下半年通胀压力不断积聚，12月美国消费者物价指数（CPI）同比上涨 7%，欧元区调和消费者物价指数（HICP）同比上涨 5%，主要发达经济体央行开始调整货币政策。其中，美联储于11月和12月每月缩减150 亿美元的资产购买规模，欧央行12月宣布放缓抗疫紧急购债计划（PEPP）的资产购买速度，英国央行12月超预期上调基准利率15个基点至0.25%，日本央行也于年底开始放缓资产购买速度。此外，2021年全年新西兰央行、挪威央行均加息2次，累计加息幅度达50个基点。加拿大央行结束量化宽松，澳大利亚央行调降购债规模并退出收益率曲线控制。

（2）全球股市以上行为主

尽管新冠肺炎疫情有所反复，但由于全球流动性充裕，全球股市以上行为主。MSCI全球指数（MSCI World Index）从年初的2 670.04点上涨至年末的3 231.73点，上涨21.0%。美国标准普尔500指数、欧元区斯托克50指数分别上涨26.9%和16.0%，法国、德国、英国、日本股市涨幅分别为28.9%、15.8%、14.3%和4.9%。阿根廷股市大幅上涨63.0%，俄罗斯股市上涨15.0%，巴西股市下跌11.9%。

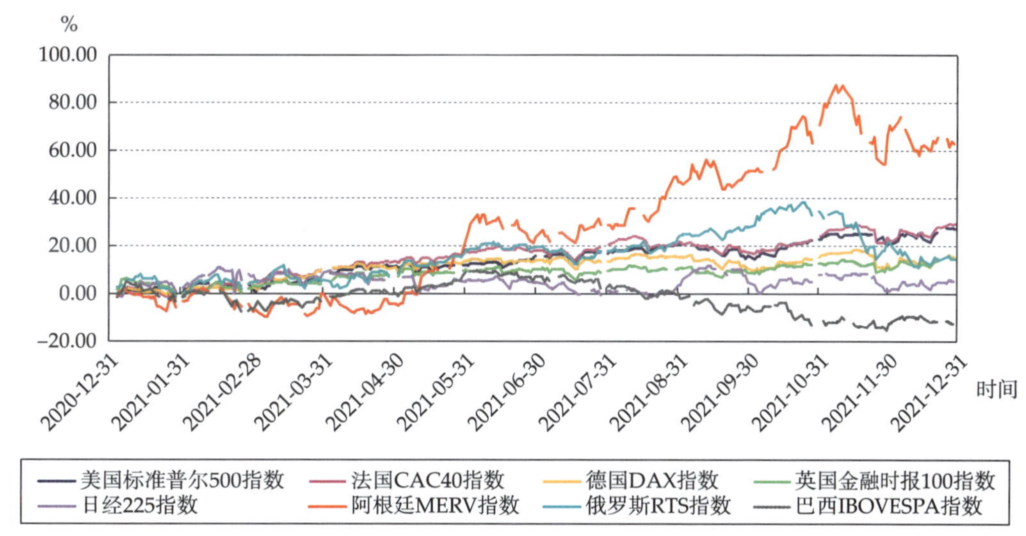

图1-2 2021年主要经济体股票指数走势

（数据来源：Wind）

（3）主要发达经济体国债收益率上行

受通胀、疫情以及美联储货币政策等因素的影响，美国10年期国债收益率宽幅波动，第一季度快速上行后开始双向波动，3月末达到年内高点1.74%，年末收于1.52%，较年初上行59个基点。德国10年期国债收益率略微上涨，但依然保持负值，收于-0.24%。法国10年期国债收益率由负转正，收于0.19%。英国10年期国债收益率上涨至1.01%，较年初上涨76个基点。日本10年期国债收益率维持在零利率上方且波动幅度较小，收于0.09%。

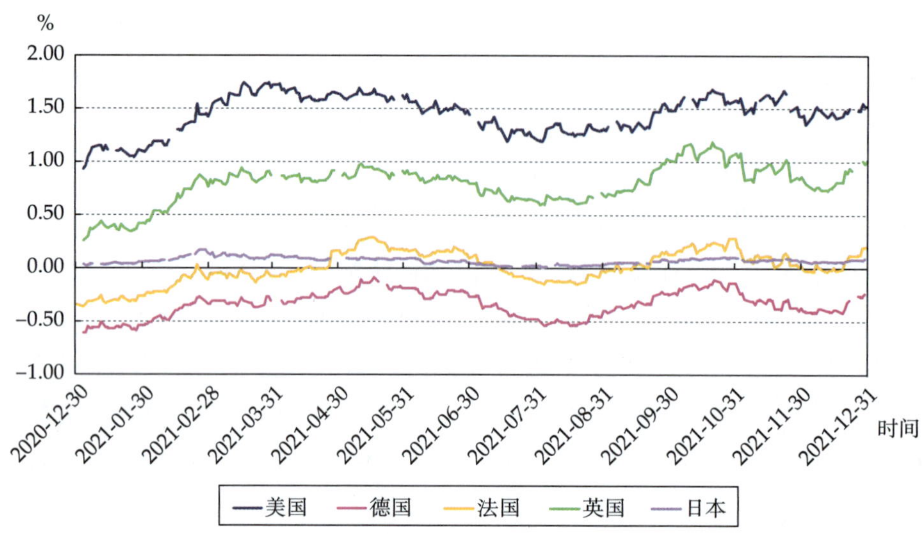

图1-3 2021年主要发达经济体10年期国债收益率

（数据来源：Wind）

（4）美元指数震荡上行，其他主要货币普遍走弱

在货币政策转向预期和避险情绪上升等因素驱动下，美元受预期影响震荡走强。2021年美元指数从年初的89.88上涨到年末的95.97，上涨6.8%。非美货币对美元普遍走弱。美联储公布数据显示，全年美元对发达国家货币升值5.3%，对新兴市场国家货币升值2.0%。除加拿大元外，主要发达经济体货币对美元普遍贬值，欧元、英镑和日元对美元分别贬值7.5%、1.2%和10.4%。多数发展中国家货币对美元贬值，其中，智利比索和阿根廷比索对美元贬值幅度均在10%以上，南非兰特、巴西雷亚尔对美元分别贬值 8.0%、6.8%。

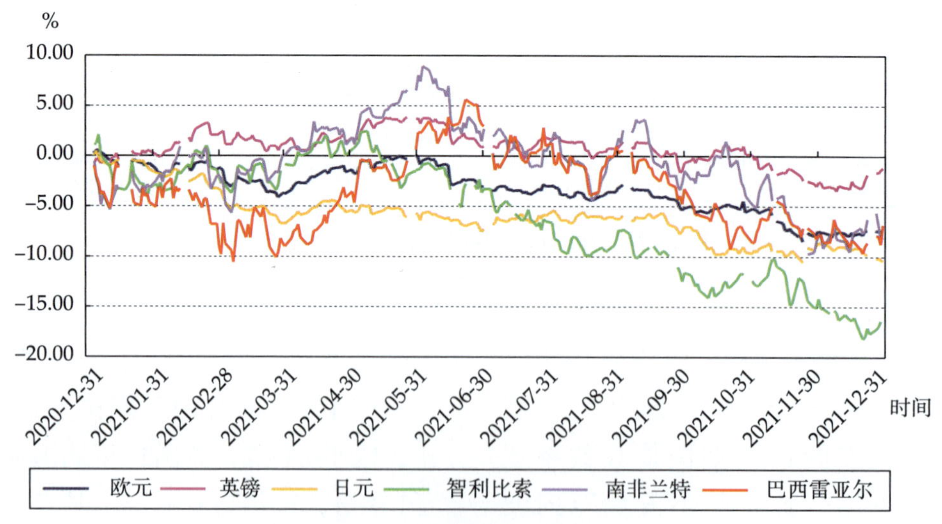

图1-4 各主要货币汇率走势

（数据来源：Wind）

（注：以2021年初为基准）

（二）国内经济与金融环境

2021年，国民经济持续稳定恢复，高质量发展取得新成效。全年国内生产总值（GDP）增长8.1%，两年平均增长5.1%，在全球主要经济体中名列前茅。稳健的货币政策灵活精准、合理适度，货币信贷和社会融资规模合理增长，信贷结构不断优化。金融环境总体平稳，金融业运行保持稳健。

1. 国民经济持续恢复，发展协调性稳步提升

（1）经济运行稳中有进

继2020年突破100万亿元大关后，2021年GDP攀上110万亿元的新台阶，达到114.4万亿元。我国稳居全球第二大经济体，人均GDP突破8万元。全年全国居民消费价格（CPI）比上年上涨0.9%，物价总体稳定在合理区间。全年城镇新增就业1 269万人，比上年多增83万人；城镇调查失业率平均为5.1%，实现了年初提出的低于5.5%的预期目标。2021年全国居民人均可支配收入为35 128元，比上年实际增长8.1%，与GDP增速同步。货物进出口总额为39.1万亿元，比上年增长21.4%，连续5年蝉联全球货物贸易第一位。实际使用外商直接投资金额首次突破1万亿元，其中服务业、高技术产业实际使用外资分别增长16.7%、17.1%，利用外资结构不断改善。

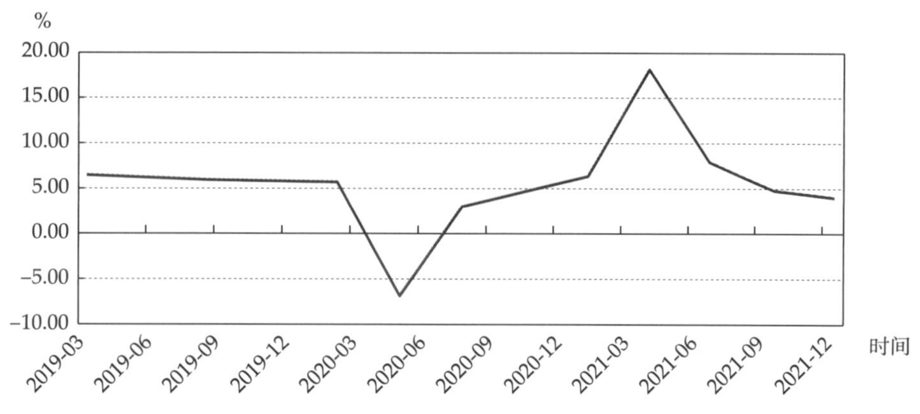

图1-5 2019—2021年中国各季度GDP同比增长率

（数据来源：国家统计局）

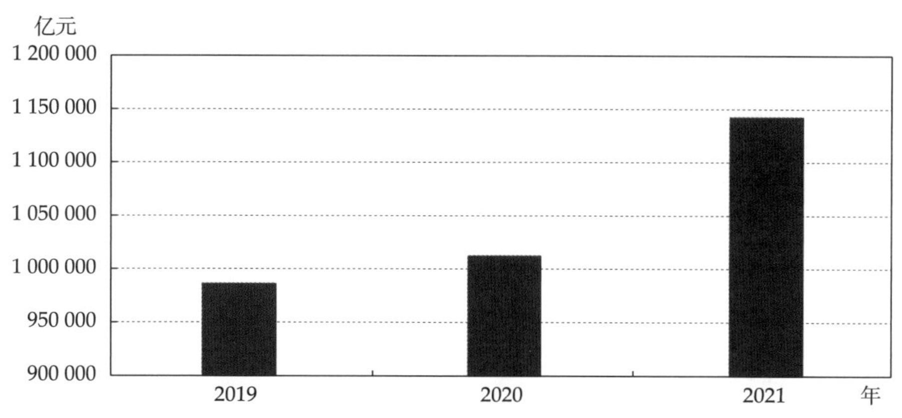

图1-6 2019—2021年中国GDP总量

（数据来源：国家统计局）

（2）经济结构持续优化

投资稳定增长。2021年，全国固定资产投资比上年增长4.9%，两年平均增长3.9%；制造业投资增长13.5%，高于全部投资8.6个百分点；高技术产业投资增长17.1%，高于全部投资12.2个百分点。发展新动能增势良好。全国规模以上工业增加值比上年增长9.6%，高技术制造业、装备制造业增加值分别增长18.2%、12.9%，增速分别比规模以上工业快8.6个、3.3个百分点；新能源汽车、工业机器人、集成电路、微型计算机设备产量分别增长145.6%、44.9%、33.3%和22.3%。现代服务业增势良好。信息传输、软件和信息技术服务业，住宿和餐饮业，交通运输、仓储和邮政业增加值同比分别增长17.2%、14.5%和12.1%；全年规模以上服务业企业营业收入比上年增长18.7%，利润总额增长13.4%。

2. 金融环境总体平稳，金融业运行保持稳健

（1）金融宏观调控前瞻性、稳定性进一步提升

2021年，人民银行按照稳健的货币政策灵活精准、合理适度的要求，坚持稳字当头，搞好跨周期设计，综合运用降准、中期借贷便利（MLF）、再贷款、再贴现和公开市场操作等货币政策工具投放流动性，进一步提高操作的前瞻性、灵活性和有效性。7月，全面降准0.5个百分点，释放长期流动性1万亿元。8月，召开金融机构货币信贷形势分析座谈会，引导金融机构增强信贷总量增长的稳定性。9月，新增3 000亿元支小再贷款额度，支持地方法人银行增加小微企业和个体工商户贷款。11月，推出碳减排支持工具和2 000亿元支持煤炭清洁高效利用专项再贷款，增强能源总体供给能力，促进煤炭清洁高效利用。12月，再次全面降准0.5个百分点，释放长期资金约1.2万亿元，年中和年底两次降准共释放长期资金2.2万亿元；下调支农支小再贷款利率0.25个百分点，1年期LPR下行0.05个百分点，推动企业综合融资成本稳中有降；将两项直达工具转换为支持小微企业的市场化政策工具，支持中小微企业融资；上调金融机构外汇存款准备金率2个百分点，保持人民币汇率在合理均衡水平上的基本稳定。

（2）货币信贷总量合理增长，信贷结构持续优化

2021年12月末，广义货币供应量（M2）余额和社会融资规模存量分别为238.3万亿元和314.12万亿元，同比分别增长9.0%和10.3%，同名义经济增速基本匹配。人民币贷款余额为192.7万亿元，同比增长11.6%，比年初增加19.95万亿元，同比多增3 150亿元。其中，企（事）业单位中长期贷款比年初增加9.2万亿元，在全部企业贷款中占比达76.8%；制造业中长期贷款增速为31.8%，比各项贷款增速高20.2个百分点；普惠小微贷款余额为19.2万亿元，同比增长27.3%，普惠小微授信户数为4 456万户，同比增长38%。

（3）金融业运行总体平稳，行业资产总量稳健增长

银行业发展规模保持增长，风险抵补能力较强。银行业金融机构本外币资产为344.8万亿元，同比增长7.8%。总负债为315.3万亿元，同比增长7.6%。商业银行（法人口径）不良贷款余额为2.8万亿元，不良贷款率为1.73%，低于上年末的1.84%。商业银行贷款损失准备余额为5.6万亿元，拨备覆盖率为196.91%，贷款拨备率为3.40%，资本充足率

为15.13%[①]，流动性比例为60.32%，各项指标均优于上年同期水平。

证券行业业绩稳健增长，资本实力不断增强。截至2021年底，140家证券公司实现营业收入5 024.10亿元，实现净利润1 911.19亿元。证券行业总资产为10.59万亿元，净资产为2.57万亿元，较上年末分别增长19.07%、11.34%。净资本为2.00万亿元，其中核心净资本为1.72万亿元，均优于上年同期水平。

保险业原保费收入增速有所放缓，总资产持续增长。我国保险业共实现原保险保费收入4.5万亿元，同比增长4.1%，低于上年同期增速；原保险赔付支出1.6万亿元，同比增长14.1%，增速持续上升；总资产年末余额约24.9万亿元，较年初增长11.5%。

二、2021年中国金融市场运行的主要特点

2021年，中国金融市场整体运行平稳。金融市场各项改革和创新稳步推进，市场资源配置作用有效发挥，服务实体经济实现量质双升。金融市场开放举措有力实施，对外开放有序推动。坚持市场化、法治化原则，防范化解金融市场风险取得新成效。

（一）市场规模稳步扩大，市场价格总体平稳

2021年，金融市场规模稳步扩大。货币市场成交量保持合理增速，债券回购成交量增长11.9%。票据市场规模持续扩大，全市场承兑、贴现金额分别为24.15万亿元和15.02万亿元，用票企业家数达到318.89万家，票据支付融资功能不断增强。债券市场存量规模突破130万亿元，位居全球第二，绿色债券发行规模创历史新高，同比大增166.1%；公司信用类债券发行量稳步增长，企业债券融资占社会融资规模的比重为10.5%，继续保持仅次于信贷市场的第二大融资渠道地位；地方政府债发行规模显著增长。股票市场稳中有进，沪深两市融资总规模上升9.0%，累计成交量增幅达24.7%。外汇市场成交量平稳增长，银行间市场外币对业务交易量增长超九成。衍生品市场交易金额稳步扩大，商品期货与期权成交量达到全球商品衍生品的69.8%，人民币信用衍生品市场规模显著增长。

2021年，金融市场参与主体类型和数量持续增加。同业拆借市场新增67家市场成员机构。银行间债券市场各类参与主体近3 800家[②]，市场投资者规模继续扩大，境外机构交易活跃度进一步提升，全年现券成交量同比增长25.4%。股票市场机构交易占比提升，交易结构持续优化。黄金市场国际板业务参与主体进一步丰富，国际会员覆盖全球12个国家和地区。

2021年，各类金融市场价格总体平稳。货币市场利率中枢小幅上行，波动幅度降低，同业拆借、质押式回购加权平均利率较上年分别上行40个和36个基点，交易期限结构基本稳定且以短期限为主。票据市场转贴现利率有所下降，贴现利率同步下降。债券市场价格指数稳步上升，债券收益率全年震荡下行。股票市场指数稳中有升，指数波动

① 商业银行不含外国银行分行。
② https：//www.chinamoney.com.cn/chinese/rdgz/20220704/2408970.html.

率继续下降，上证综指振幅较2020年下降19个百分点，深证成指振幅为2005年以来最低水平。人民币汇率双向波动态势明显，整体呈现升值趋势，人民币即期汇率对一篮子货币持续走强。黄金价格总体下行，国内外黄金价差由负转正。

（二）改革与创新稳步实施，服务实体经济质效提升

2021年，金融市场改革与创新稳步实施。外币同业存单正式推出，进一步丰富了金融机构境内外币融资渠道。供应链票据平台持续优化升级，参与主体不断拓展，业务规模累计达671.6亿元。银行间债券市场做市商新规正式实施，做市自律指引注重加强行业自律管理，评价指标注重以市场需求为导向。优化外汇市场做市商管理和评优机制，完善银企外汇交易平台功能。开展专属商业养老保险试点，持续推进车险综合改革，深化保险业“证照分离”改革，进一步激发市场主体发展活力。商品期货与期货期权品种创新持续推进，仓单交易、商品互换等场外业务的品种和模式不断丰富。

2021年，金融市场加大对实体经济的精准服务力度。在服务民营、小微企业方面，票据市场全年中小微企业用票家数为314.7万家，用票金额为69.1万亿元，分别占全部用票企业家数和金额的98.7%和72.2%，票据业务与中小微企业需求的契合度进一步提高，票据平均面额进一步下降；持续推动供应链核心企业和租赁公司等主体通过发行资产支持商业票据、以“核心带小微”方式间接支持小微企业融资，助力小微企业融资量增、面扩、价降；成立北京证券交易所，深化新三板改革，打造服务创新型中小企业主阵地；减免中小微企业衍生品交易相关银行间外汇市场交易手续费，降低中小微企业汇率避险成本。在服务科创企业方面，上交所科创板全年共上市162家“硬科技”企业，筹资2 029亿元；深交所全年新上市高新技术企业187家、战略性新兴产业企业30家，注册制下新增上市公司近九成为高新技术企业。在助力国家重点战略实施方面，推出战略性新兴产业、乡村振兴、革命老区振兴、防汛复兴等主题债券；设立广州期货交易所，助力粤港澳大湾区和“一带一路”建设。在推动绿色低碳发展方面，全年发行绿色债券484只，金额合计6 042亿元，累计发行规模位居全球第二；全国银行间同业拆借中心发布CFETS绿色债券指数和CFETS碳中和债券指数，完成银行间首笔挂钩CFETS碳中和债券指数的互换交易；股票市场中新能源产业链走强，新能源汽车板块全年上涨48.8%，涨幅居前。

（三）对外开放有序推进，互联互通取得新成效

2021年，金融市场对外开放有序推进。债券市场方面，内地与香港债券市场互联互通南向合作“南向通”正式上线运行；银行间市场创新推出首单国际开发机构可持续发展目标（SDG）债券、外国政府类绿色熊猫债；中国国债正式纳入富时罗素指数，至此，中国债券已悉数纳入全球三大主流债券指数；中国地方政府债首次实现境外发行。股票市场方面，推动科创板股票纳入沪港通标的和三大主流国际指数，扩宽ETF互联互通范围；支持“一带一路”沿线资本市场能力建设，积极建设中欧国际交易所；沪伦通存托凭证业务进一步拓展，东西向业务分别扩展至德国、瑞士等英国以外的其他境外成熟

市场。保险市场方面，修改《〈中华人民共和国外资保险公司管理条例〉实施细则》，取消外资股比的限制性规定，优化保险业投资和经营环境。外汇市场方面，人民币对印度尼西亚卢比银行间市场区域交易落地，支持更加多样的汇率风险管理工具，降低企业汇兑成本。黄金市场方面，国际板参与主体已涵盖商业银行、精炼企业、贸易公司、券商、投资机构等多种类型。期货市场方面，原油期货境外参与度持续提高，部分期货品种实现"境内交割+境外提货"，拓宽了期货市场跨境经营覆盖面，期货市场的国际认可度不断提高。

（四）市场化法治化进程不断推进，防范化解金融市场风险取得进展

2021年，市场化法治化手段防范金融市场风险取得新成效。债券市场出台了《关于推动公司信用类债券市场改革开放高质量发展的指导意见》，完善债券市场法制，建立完善制度健全、竞争有序、透明开放的多层次债券市场体系；通过提升信用评级质量和区分度，推动信用评级行业更好地服务债券市场健康发展大局。证券市场执法司法体制机制进一步健全，《关于依法从严打击证券违法活动的意见》出台，夯实资本市场法治和诚信基础，推动形成崇法守信的良好市场生态；重申和细化私募基金监管底线要求，引导私募基金行业规范发展；强化对突击入股、入股价格异常、利益输送、"影子股东"等行为的监管约束，着力防范违法违规"造富"。商业承兑汇票信息披露制度正式施行，商票信息披露由试点转向全面落地实施，为建设票据市场信用体系、优化市场生态迈出了重要一步。加强保险公司偿付能力监管，引导保险业回归保障本源、专注主业。

2021年，金融市场监管持续加强，重大领域金融风险防范扎实推进。及时防范和化解债券市场风险，按照市场化、法治化原则，压实各方责任，持续落实违约处置机制建设各项成果，优化统一执法机制，严厉打击债券市场违法违规行为。有序推进互联网平台企业相关金融业务整改，持续保持对虚拟货币交易炒作的高压打击态势。坚决推进反垄断和防止资本无序扩张，将各类金融业务全面纳入监管。正式发布国内系统重要性银行名单，受理金融控股公司设立申请。制定实施全球系统重要性银行总损失吸收能力管理办法，保障我国全球系统重要性银行具有充足的损失吸收和资本重组能力。加强风险监测和应对能力建设，持续开展评级和压力测试，摸清风险底数，识别高风险机构。

三、2022年中国金融市场发展展望

2022年是中国向第二个百年奋斗目标进军新征程的关键之年，我国金融市场发展将以习近平新时代中国特色社会主义思想为指导，全面贯彻党的十九大、十九届历次全会精神和中央经济工作会议精神，坚持稳字当头、稳中求进，继续做好"六稳""六保"工作，着力稳定宏观经济大盘，深化金融体制机制改革，推动金融市场创新和对外开放，加大对实体经济的支持力度，迎接党的二十大胜利召开。

一是加大对实体经济的支持力度。进一步发挥市场资源配置作用，增强市场融资功能，创新直达实体经济的金融产品和服务，营造良好融资生态。坚持市场化法治化原

则，加大对中小微企业、受疫情影响较大行业企业的金融支持，完善民营企业债券融资支持机制，全面实行股票发行注册制，进一步拓宽直接融资渠道，引导市场资金更多流向重点领域。扩大普惠金融覆盖面，重点加大对科技创新、绿色发展、先进制造业的支持力度，提升服务乡村振兴能力和水平，助力国家重大区域发展战略。

二是持续深化金融市场创新与发展。提升市场深度和广度，健全多层次资本市场体系，稳步推动中长期资金入市，完善市场化债券发行机制，扩大债券市场规模。稳步推动衍生品市场发展，发挥衍生品的风险分散分担功能，提高市场运行效率和安全性。强化重要金融基础设施建设与统筹监管，推动债券市场基础设施互联互通，促进要素资源在更大市场范围内畅通流动，优化市场制度和监管方式方法。推进资本市场基础制度改革，统筹完善多层次市场体系，全面实行股票发行注册制，加快推进发行监管转型。加快完善债券市场法制，持续优化债券市场制度环境。进一步完善货币、票据、黄金、衍生品等市场管理制度。

三是进一步推动金融市场对外开放。坚持总体国家安全观，持续优化各项制度安排，为境内外投资者提供更加友好和便利的投资环境；稳步推动债券市场更高水平对外开放。进一步全面推动债券市场由要素流动型开放向规则等制度型开放转变，统筹同步推进银行间和交易所债券市场对外开放，稳步扩大机构和产品高水平双向开放。推动中美审计监管合作取得更大进展，加快推进企业境外上市监管制度政策落地，继续坚定、有序支持符合条件的企业依法依规境外上市。积极服务国家重大开放举措，推动金融机构加大对共建“一带一路”项目支持力度。

四是继续防范和化解金融市场风险。进一步完善风险控制制度，夯实市场稳定运行的基础。构建立体多元的风险防控体系，加强对市场异常交易情况、违约风险的跟踪监测和信息共享，促进风险早识别、早预警、早处置。防范市场重要风险点，强化市场化约束机制，显著提高违法违规行为的成本，有效维护市场秩序。支持金融科技依法规范发展，以公正监管保障公平竞争，激发各类市场主体活力。

第二章　货币市场

2021年，人民银行继续实施稳健的货币政策，银行体系流动性保持合理充裕，货币市场平稳运行。货币市场交易总量稳步扩大，市场利率总体上行，同业存单发行规模同比增长，发行利率震荡下行，市场交易主体呈现多元化趋势，金融机构融资渠道进一步拓宽，货币市场传导货币政策功能增强，为金融支持实体经济提供有效支撑。

一、同业拆借市场

2021年，同业拆借市场运行总体平稳，市场参与主体继续增加，交易规模有所下降，利率中枢上行，波动幅度明显降低，交易结构仍以短期限品种为主。

（一）运行情况

2021年，银行间同业拆借市场累计成交量为118.82万亿元，同比减少19.25%，日均成交量为5 327.01亿元。同业拆借全年加权平均利率为2.04%，同比上行40个基点。截至2021年末，市场成员共2 345家，较上年增加67家。

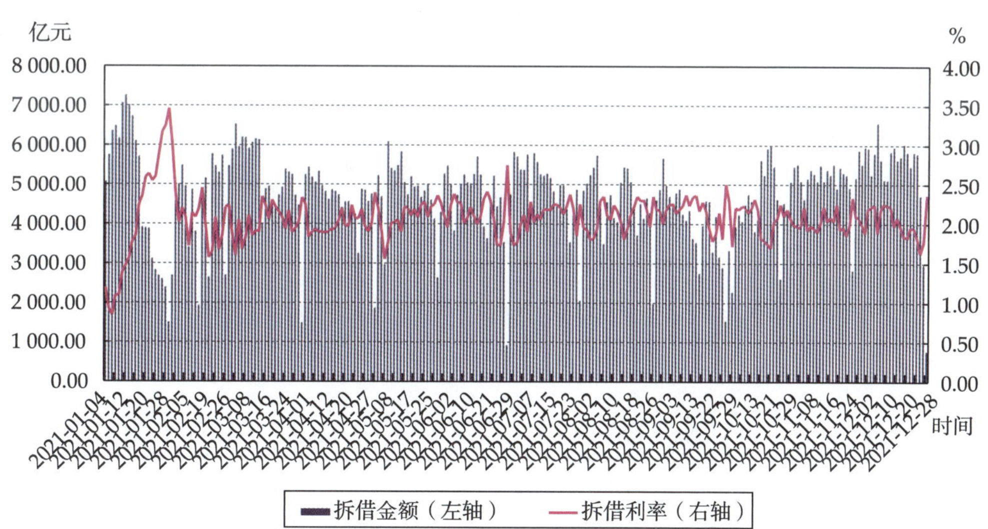

图2-1　2021年同业拆借日成交规模和利率走势

（数据来源：中国外汇交易中心）

（二）主要特点

1. 交易规模下降

2021年，同业拆借市场成交规模有所下滑，交易量较上年下降19.25%。其中2月和11月交易量同比呈增长态势，其余各月交易量同比均有不同程度的下降，其中4月、5月和9月下降最为显著，降幅均在30%以上，4月同比下降46.73%，降幅最大。

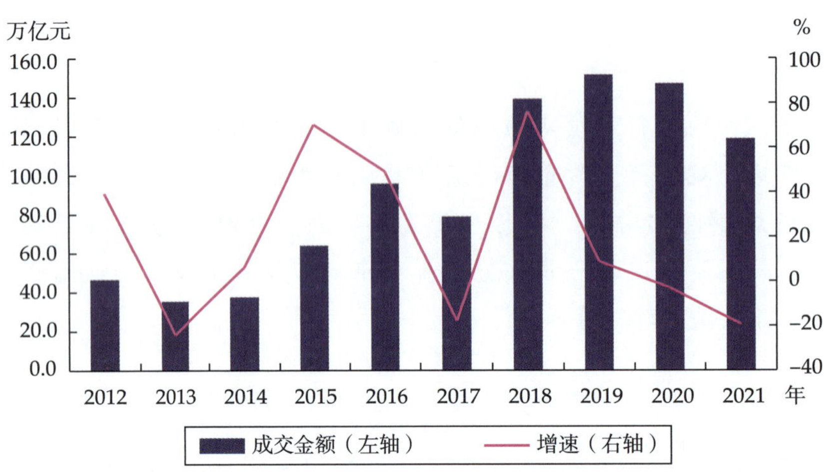

图2-2 2012—2021年同业拆借交易规模和增长率

（数据来源：中国外汇交易中心）

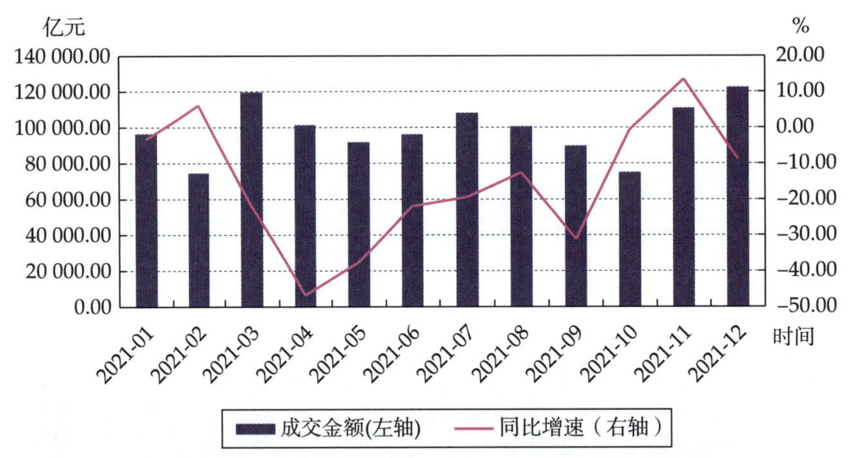

图2-3 2021年同业拆借月度交易规模和同比增速

（数据来源：中国外汇交易中心）

2. 利率中枢小幅上行，波动幅度降低

2021年，同业拆借全年加权平均利率较上年上行40个基点。年末，隔夜、7天期拆借加权成交利率分别收于2.21%和2.48%，较年初分别上行87个基点和下行7个基点。全年大部分时间，利率走势平稳，仅有小幅波动，全年日加权平均成交利率方差为0.09，较上年的0.23显著降低。

3. 大型商业银行仍为最主要的资金净拆出方

2021年，同业拆借市场交易主体仍以银行类机构为主，占交易总量的85.67%，与上年持平。其中股份制商业银行、大型商业银行、城市商业银行的交易量分别为73.46万亿元、41.93万亿元和37.14万亿元，占比分别为30.91%、17.64%和15.63%，交易量较上年分

别减少23.52万亿元、17.56万亿元和6.98万亿元，降幅分别为24.25%、29.52%和15.82%。

全年，同业拆借市场的主要资金净拆出方是大型商业银行、股份制商业银行和政策性银行，净拆出量分别为25.21万亿元、12.22万亿元和7.91万亿元，分别占净拆出总量的51.41%、24.92%和16.12%；主要资金净拆入方是证券公司、城市商业银行和财务公司，净拆入量分别为21.44万亿元、18.03万亿元和6.43万亿元，分别占净拆入总量的43.73%、36.77%和13.12%。

4. 隔夜交易占比继续下降

2021年，同业拆借交易仍以短期品种为主。其中，隔夜拆借共成交106.02万亿元，占比为89.22%，较上年下降0.98个百分点。7天期拆借交易占比为8.75%，较上年上升1.06个百分点。14天至3个月期限拆借交易占比为1.89%，较上年下降0.09个百分点。3个月以上期限拆借交易占比为0.14%，较上年上升0.01个百分点。

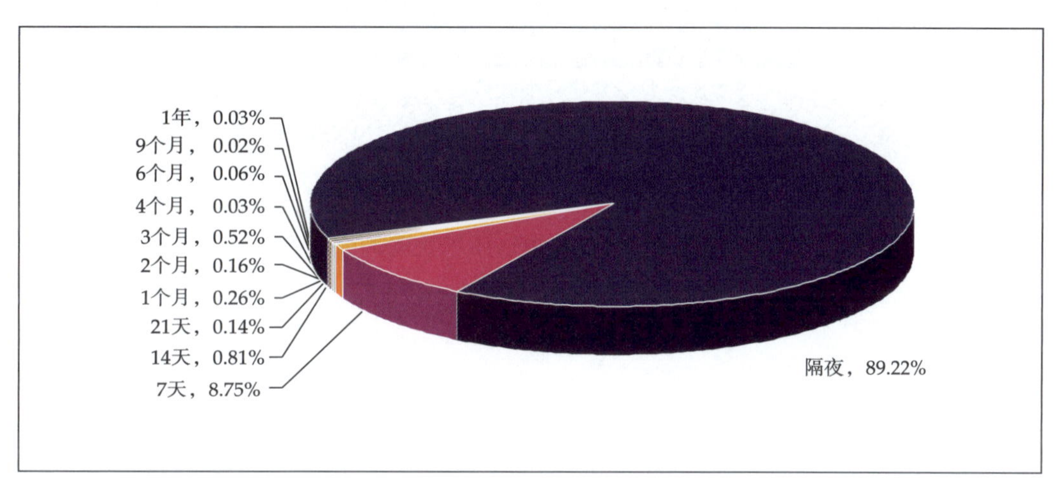

图2-4 2021年同业拆借交易期限结构

（数据来源：中国外汇交易中心）

二、债券回购市场

2021年，债券回购市场总体运行平稳，交易规模持续扩大，利率中枢稳中略有上升，期限结构总体保持稳定，交易便利度进一步提升。

（一）运行情况

2021年，债券回购市场累计成交1 395.38万亿元，同比增长11.88%。其中，银行间回购市场累计成交占比为74.90%，较2020年下降2.05个百分点；交易所回购市场累计成交占比为25.10%，较2020年上升2.05个百分点。

1. 银行间市场

2021年，银行间债券回购市场累计成交1 045.19万亿元，同比增长8.90%，增速较上年回落8.2个百分点。其中，质押式回购成交1 040.45万亿元，同比增长9.21%；买断式回购成交4.74万亿元，同比减少32.60%。质押式回购交易量在回购市场中的占比进一步提升至99.55%。

2021年，银行间同购市场利率中枢总

体围绕政策利率波动，波动幅度较上年进一步收窄。其中，质押式回购加权平均利率为2.08%，同比上升36个基点；买断式回购加权平均利率为2.11%，同比上升33个基点。两类回购利率的价差为3个基点，较2020年减少3个基点。全年，两类回购日加权平均利率的方差分别为0.17和0.16，与2020年的0.25和0.24相比明显降低。

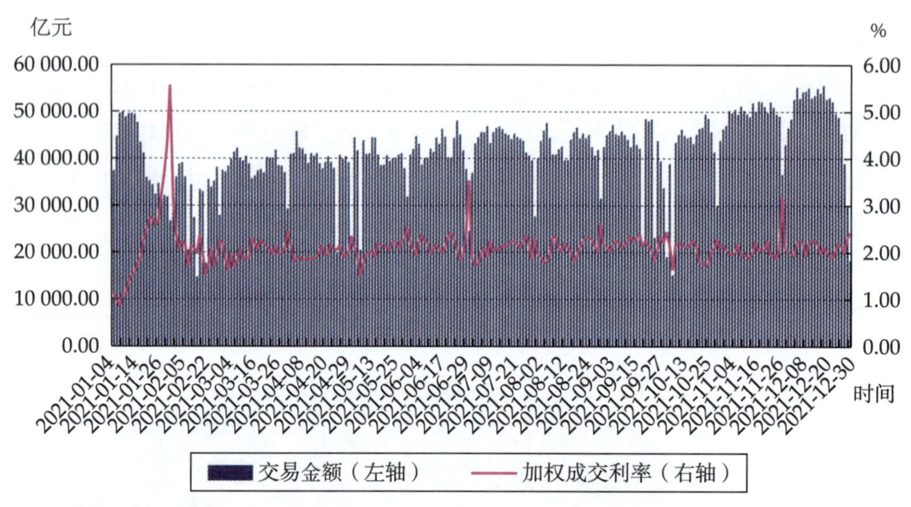

图2-5　2021年银行间市场质押式回购成交量价

（数据来源：中国外汇交易中心）

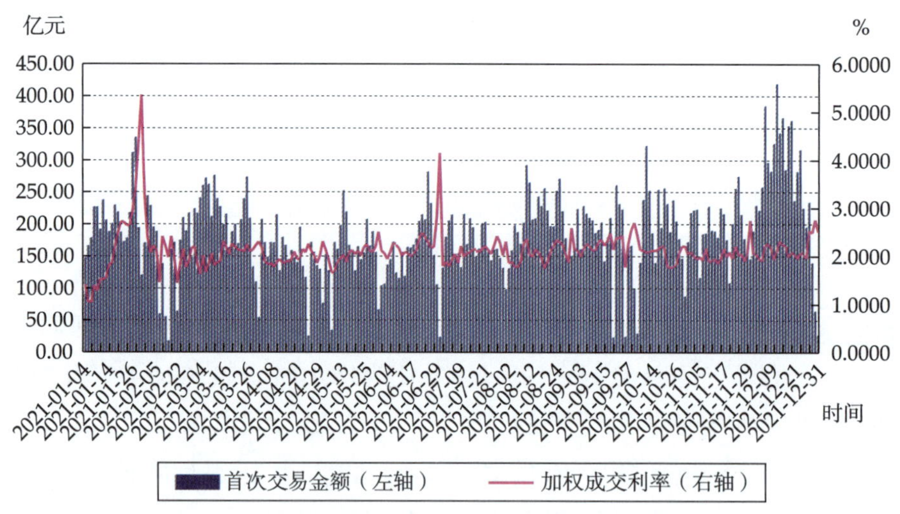

图2-6　2021年银行间市场买断式回购成交量价

（数据来源：中国外汇交易中心）

2. 交易所市场

2021年，交易所债券回购市场累计成交350.19万亿元，同比增长21.84%。按交易场所统计，上交所债券回购成交额共313.75万亿元，同比增长20.86%；深交所债券回购成交额共36.44万亿元，同比增长30.98%。按产品类型统计，质押式回购累计成交341.61万亿元，同比增长21.76%；质押式协议回购累计

成交2.93万亿元，同比增长33.86%。

交易所质押式回购市场利率稳中略有上升。其中，上交所1天回购定盘平均利率为2.40%，同比上升5个基点，7天回购定盘平均利率为2.46%，同比上升4个基点；深交所1天回购加权平均利率为2.39%，同比上升7个基点，7天回购加权平均利率为2.48%，同比上升2个基点。

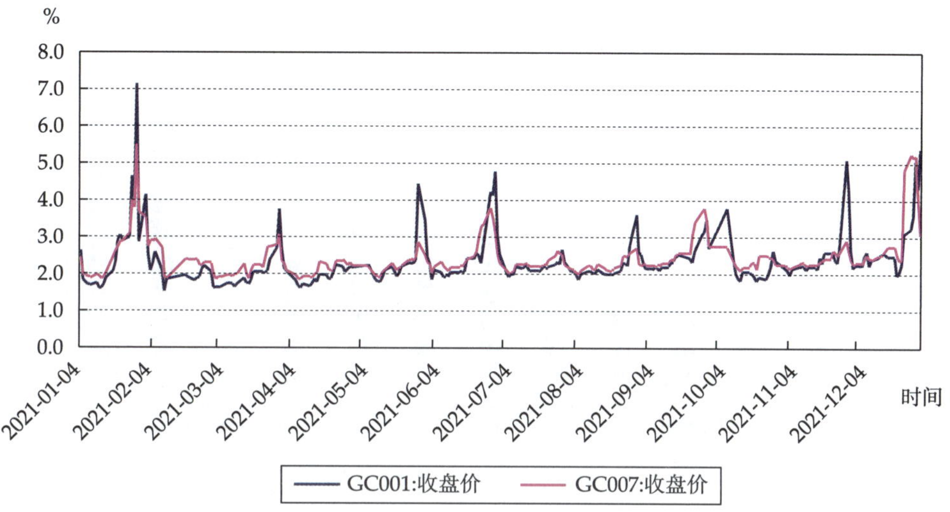

图2-7　2021年上海证券交易所质押式回购定盘利率走势

（数据来源：上海证券交易所）

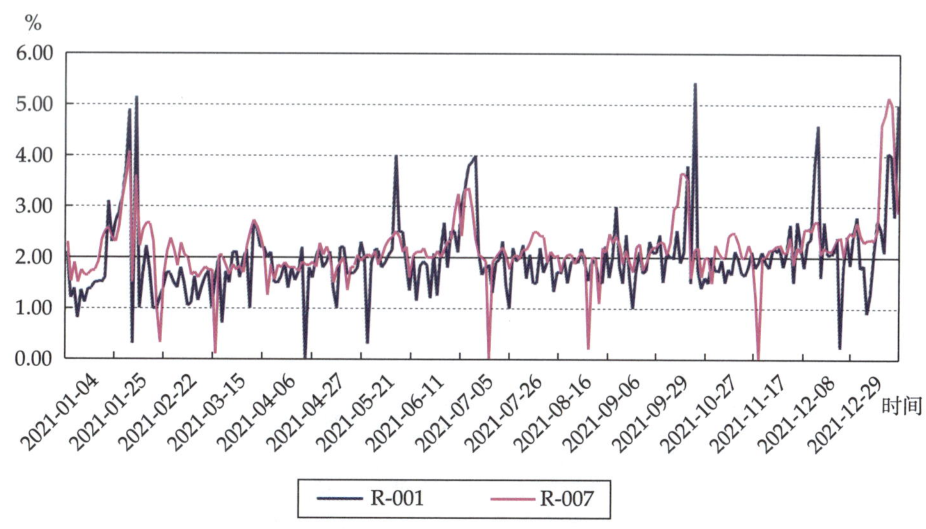

图2-8　2021年深圳证券交易所质押式回购利率走势

（数据来源：深圳证券交易所）

（二）主要特点

1. 债券回购交易规模持续增长

银行间市场债券回购交易规模持续增长，近三年同比增长率分别为13%、17.1%和8.9%。2021年，银行间质押式回购成交继续增长，但增速趋缓，同比增长9.21%，增速较上年下降8.4个百分点；买断式回购成交下滑较多，同比减少32.60%。由于质押式回购占银行间回购市场的绝大多数份额，银行间市场债券回购交易规模继续保持增长。2021年，交易所市场债券回购交易规模同比增长21.84%，增速快于银行间市场。

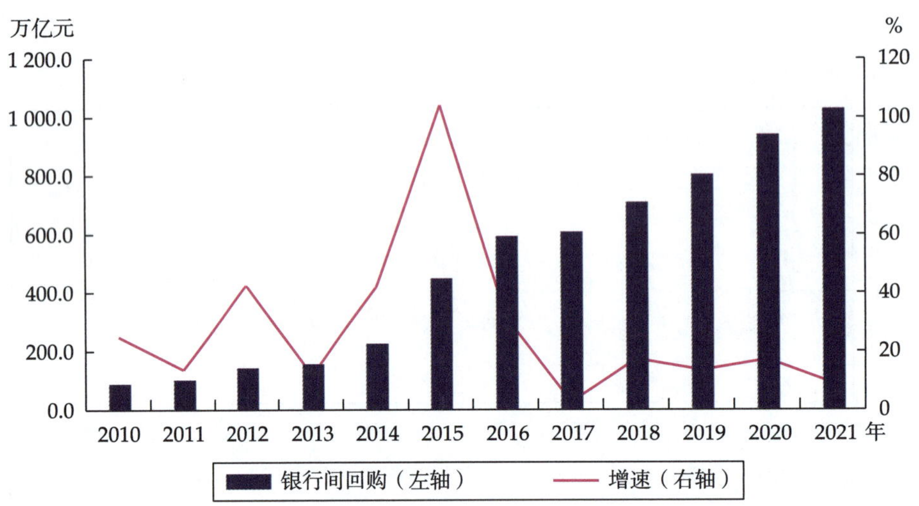

图2-9 2010—2021年银行间回购交易规模及增长率

（数据来源：中国外汇交易中心）

2. 期限结构基本稳定且以短期限为主

回购市场交易期限结构总体保持稳定，其中短期限品种占主导，并且占比略有上升。2021年，银行间市场7天（含）以内的质押式回购交易占全部债券回购交易的96.2%，较上年上升1.0个百分点；沪深交易所7天（含）以内的质押式回购交易占各自市场全部债券回购交易的比例分别为97.05%和99.1%，与2020年相比分别持平和上升0.1个百分点。

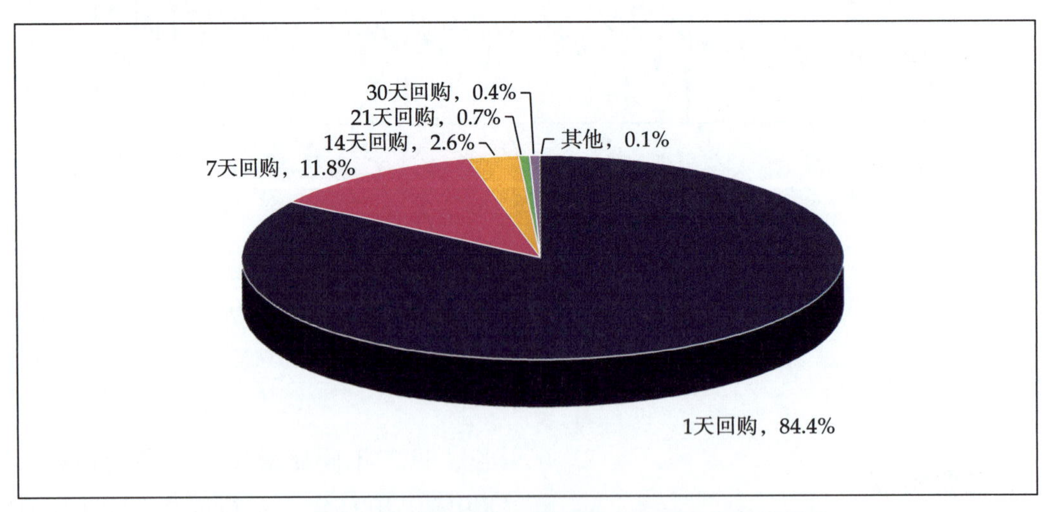

图2-10 2021年银行间市场质押式回购交易期限结构

（数据来源：中国外汇交易中心）

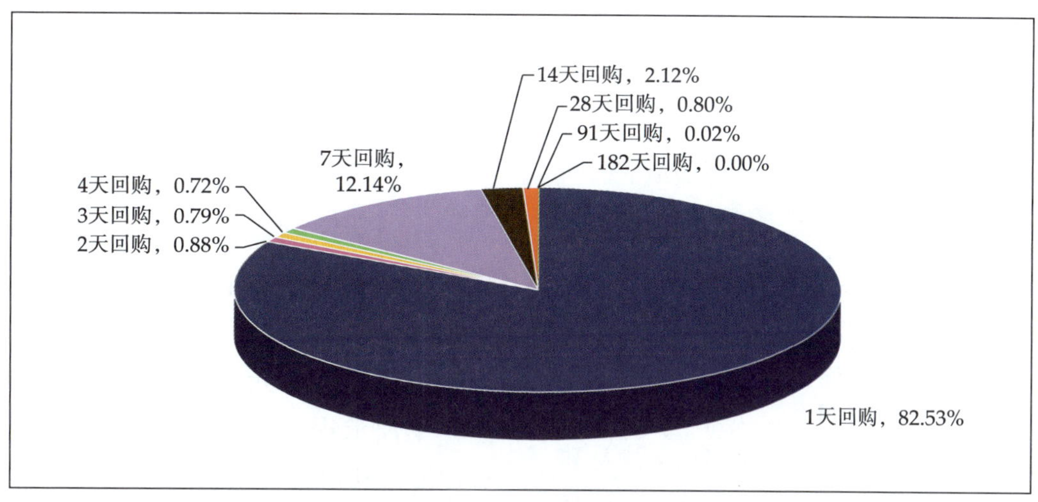

图2-11　2021年上海证券交易所质押式回购交易期限结构

（数据来源：上海证券交易所）

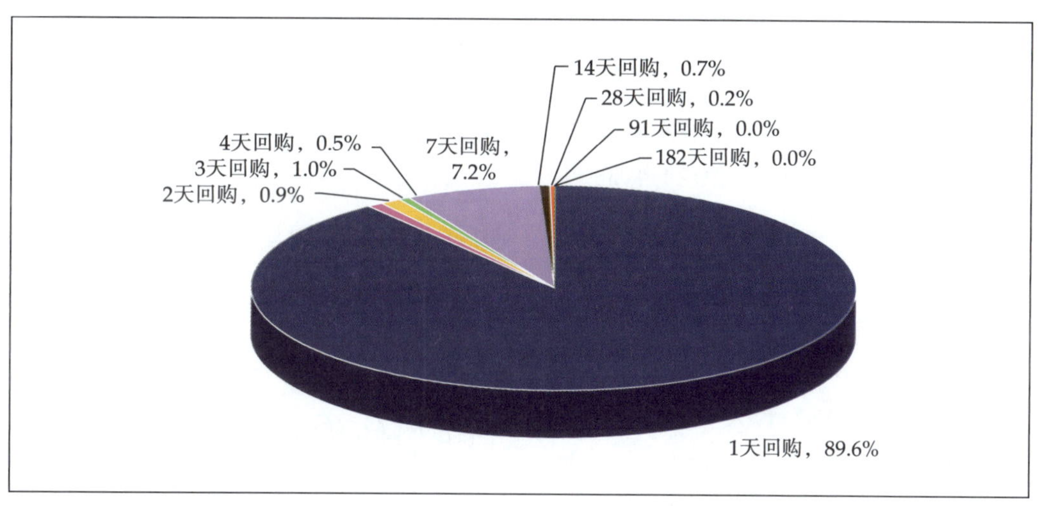

图2-12　2021年深圳证券交易所质押式回购交易期限结构

（数据来源：深圳证券交易所）

（注：因四舍五入，加总数不等于100%）

3. 非银金融机构及其产品资金融入比例进一步提升

资金融入方面，2021年银行间质押式回购市场净融入资金位列前三的是基金、证券公司和基金公司特定客户资产管理业务，净融入资金量分别为144.34万亿元、135.31万亿元和32.79万亿元，占融入资金量的33.97%、31.84%和7.72%。非银金融机构在净融入中的占比达到92.99%，较2020年提高了1个百分点。2021年，上交所回购市场融入资金量前三名为券商自营、资管专户产品[①]和公募基金，占比分别为25.83%、19.25%和18.04%；

① 资管专户产品包括私募基金、基金专户、券商资管、信托产品、期货资管和保险资管。

深交所回购市场融入资金量前三名为券商自营、基金和企业年金，占比分别为32.26%、23.24%和11.67%。

资金融出方面，2021年银行间质押式回购市场净融出资金位列前三的是大型商业银行、政策性银行和股份制商业银行，净融出资金量分别为150.77万亿元、133.49万亿元和108.83万亿元，占融出资金量的35.48%、31.41%和25.61%。2021年，上交所回购市场融出资金量前三名为公募基金、个人和资管产品，占比分别为28.01%、23.89%和23.31%；深交所回购市场融出资金量前三名为个人、基金和其他专业机构，占比分别为79.37%、6.90%和4.57%。

4. 交易便利度进一步提升

银行间市场上，X-Repo机制继续发挥作用，促进市场流动性发现。2021年通过X-Repo达成的交易占比已达到15%，参与机构（产品）数也由2020年的787家增加至2021年的1170家，增幅达49%；X-Repo单日最高占比由2020年的27%上升至2021年的31%。

交易所市场上，2021年深交所对债券质押式协议回购业务系统进行了优化。一方面，完善交易双方身份信息展示，提升交易安全性；另一方面，提升交易执行便捷度与资金使用效率。协议回购进一步适应前期市场需求，新增对质押券、叙做交易对手方和叙做金额进行变更的功能，并且采用了投资者更为习惯的“一方发起、另一方确认”交易申报模式。与此同时，还实现了日间交收成功后资金当天即可使用的功能，进一步提高了交收效率。上交所将债券非交易业务正式从竞价撮合系统迁移至综合业务平台，取消了回购质押券出入库代码，质押式回购出入库简化为现券代码申报，进一步便利投资者，提升质押式回购交易效率。

三、同业存单市场

2021年，同业存单市场发行规模明显增长，发行利率震荡下行，同业存单期限结构向长端倾斜，二级市场成交规模有所下降，市场主体呈现多元化趋势，非法人产品对同业存单需求提升。外币存单正式推出，金融机构境内外币融资渠道进一步丰富。

（一）运行情况

2021年，共348家机构发行同业存单，较上年减少16家；发行数量2.99万只，较上年增加0.12万只；发行金额21.81万亿元，同比上升14.84%；认购主体数量4 072家，较上年增加210家，涉及40种机构类型；年末余额13.95万亿元，同比增长24.83%。

2021年，同业存单二级市场累计成交金额155.22万亿元，同比下降7.24%。其中，以质押式回购交易方式成交110.98万亿元，同比下降6.09%，占总成交金额的71.50%；以现券买卖方式成交44.11万亿元，同比减少9.91%，占总成交金额的28.42%；以买断式回购交易方式成交0.13万亿元，同比减少27.78%，占总成交金额的0.08%；以债券借贷交易方式成交9.99亿元，同比减少84.12%。

（二）主要特点

1. 发行规模增长，余额大幅上升

2021年，同业存单发行规模明显增长，同比增幅为14.84%，季度平均发行金额为5.45万亿元，第二、第三季度存单发行量较第一季度略降，随后在第四季度大幅上升。第一至第四季度发行金额分别为5.60万亿元、

5.32万亿元、4.98万亿元和5.91万亿元。

2021年，同业存单余额稳步增加。从全年看，仅在1月和6月出现负增长，其余月份均为正增长，第四季度增幅超过1万亿元，年末存单余额达到13.95万亿，较上年末增加2.78万亿元。从发行机构看，大型商业银行、股份制商业银行、城市商业银行、农村商业银行存单余额均稳中有升，分别较上年末增长36.25%、24.11%、18.92%和20.20%。

同业存单净融资量大幅上升。2021年同业存单净融资2.8万亿元，同比显著增长541%。其中，大型商业银行和股份制商业银行同业存单净融资量同比分别增长99.8%和137.7%，城市商业银行和农村商业银行同业存单净融资量由负转正，分别为6 770.7亿元和1 808.4亿元。

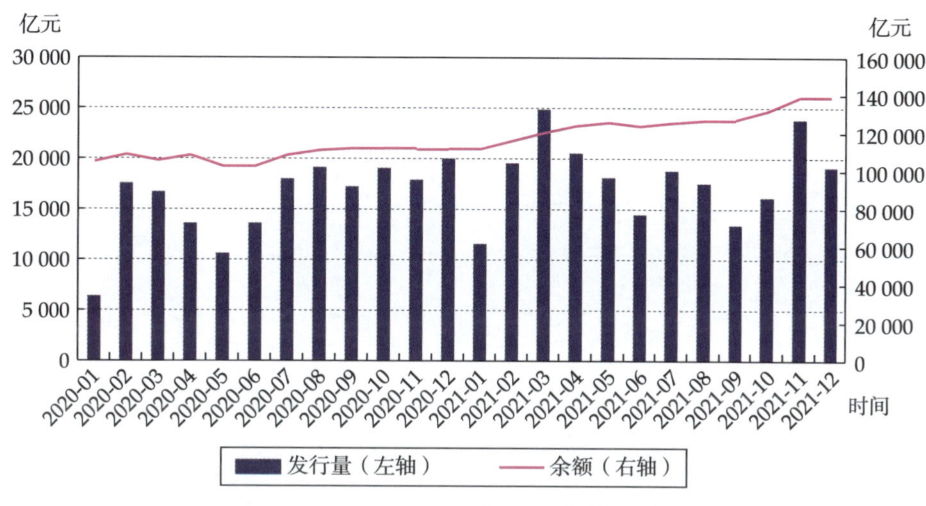

图2-13　2020—2021年同业存单月发行量

（数据来源：中国外汇交易中心）

2021年，同业存单发行量排名前三位的为股份制商业银行、城市商业银行和大型商业银行，占比分别为37.29%、35.01%和16.45%，较上年分别上升0.3个、下降1.18个和上升0.68个百分点。农村商业银行和合作银行占比为9.89%，较上年下降0.23个百分点。

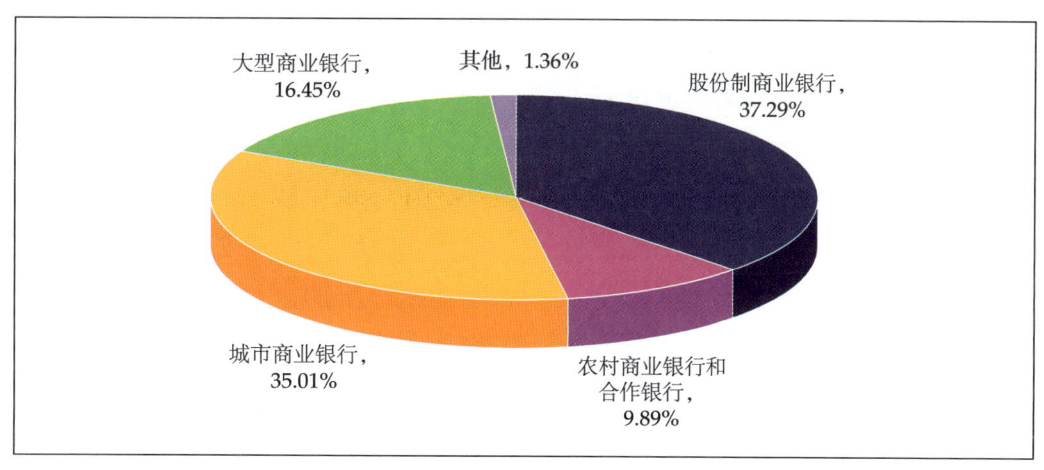

图2-14　2021年同业存单发行主体结构

（数据来源：中国外汇交易中心）

2. 存单发行利率整体震荡下行，信用利差收窄

同业存单发行利率呈现先上后下走势，2021年下半年降准释放长期资金约2.2万亿元，带动中长期资金利率中枢下移。具体来看，同业存单发行利率在2月达最高点后震荡下行，第二季度1年期同业存单发行利率在3.0%附近波动，下半年受降准影响，同业存单发行利率继续震荡下行，1年期同业存单利率波动区间为2.65%～2.8%。年末，主要股份制商业银行的3个月期、1年期同业存单发行利率分别较上年末下行19个和25个基点。

同业存单信用利差有所收窄，波动幅度下降。主要股份制商业银行与AA+评级发行人的3个月期同业存单平均利差为30个基点，环比下降5个基点，利差波动幅度环比收窄93个基点至59个基点。

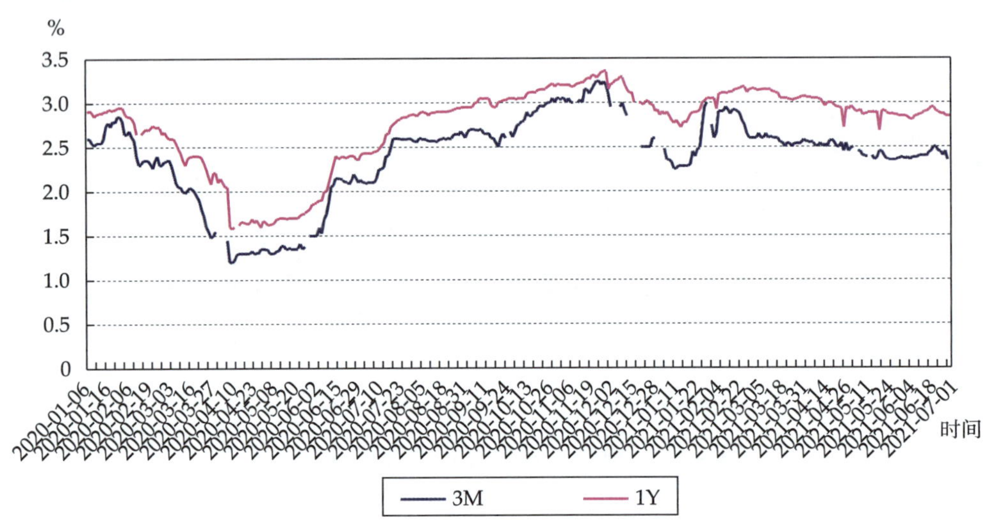

图2–15 2020—2021年主要股份制商业银行同业存单发行利率走势

（数据来源：中国外汇交易中心）

3. 基金、理财产品和政策性银行是同业存单二级市场最主要的净买入方，非法人产品对同业存单需求提升

2021年，同业存单二级市场全年成交金额为44.11万亿元，在现券市场中交易占比为20.73%，仅次于政策性金融债。从机构类型看，净买入前三名为基金、理财产品、政策性银行，净买入金额分别为9 745亿元、9 403亿元和9 383亿元，分别占净买入总量的16.95%、16.35%和16.32%。净卖出最多的是股份制商业银行，金额达2.31万亿元，占净卖出总量的40.2%，其次是城市商业银行和证券公司，占比分别为28.5%和28.24%。此外，2021年同业存单持仓中，非法人产品持仓占比明显提升，年末非法人产品存单托管量占比较上年提升8个百分点至57.2%。

4. 1年期存单占比明显提升

2021年，银行体系流动性保持合理充裕，同业存单发行成本相对较低。发行人倾向于发行长期限同业存单锁定较低融资成本，1年期同业存单发行占比大幅上升。2021年1年期同业存单发行量占比较上年上升17个百分点至47.2%，1个月期、3个月期、6个月期和9个月期同业存单发行量占比分别较上年下降3.91个、4.03个、5.01个和4.13个百分点。

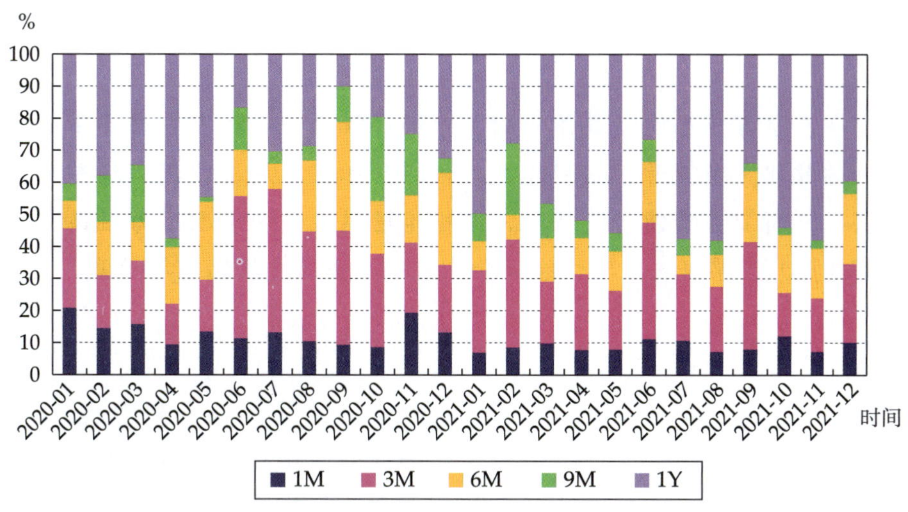

图2-16 2020—2021年同业存单发行量期限分布情况

（数据来源：中国外汇交易中心）

5. 外币存单正式推出，进一步丰富金融机构境内外币融资渠道

2021年2月，市场利率定价自律机制在人民银行指导下推出了境内外币同业存单，进一步丰富了同业存单计价币种。2021年，共29家机构发行外币同业存单，发行数量38只，金额31.7亿美元，期限由1个月至1年期不等，认购主体数量28家，涉及8类机构，年末余额11.6亿美元。外币同业存单的推出丰富了金融机构境内外币筹资渠道，有利于金融机构有效利用境内境外两个市场，筹集多币种外汇资金，更好地服务实体经济。

四、发展展望

2022年，在稳健的货币政策灵活适度、货币信贷和社会融资规模合理增长的背景下，我国银行体系流动性将继续保持合理充裕，同业拆借市场、债券回购市场和同业存单市场有望保持平稳运行。货币市场管理制度进一步完善：一是继续完善货币市场制度建设，提升市场监测和风险预警能力，牢牢守住不发生系统性风险底线；二是继续完善货币市场各项机制和服务，加强市场透明度和信用环境建设，不断提升货币政策传导和流动性管理功能；三是持续提升回购交易便利度和效率，强化交易风险管理，促进回购市场功能充分发挥；四是进一步提升同业存单发行全流程透明度和效率。

第三章 票据市场

2021年，票据市场运行整体平稳，市场规模进一步扩大，服务中小企业和重点领域的效能不断提升；信用体系建设取得积极进展，票据市场制度建设进一步夯实；创新业务功能持续显现，票据市场供应链金融配套基础设施进一步优化，有效提升了票据支持实体经济和广大中小企业发展的市场功能。

一、运行情况

（一）承兑贴现业务量同比增长，支付融资功能不断增强

2021年，全市场承兑金额24.15万亿元，同比增长9.32%。其中，银票承兑20.35万亿元，同比增长10.19%；商票承兑3.80万亿元，同比增长4.85%。分机构类型看，全年国有商业银行承兑金额同比增长12.96%，高于全市场银票承兑金额增速2.77个百分点；股份制商业银行承兑金额同比增长10.79%，高于全市场银票承兑金额增速0.60个百分点；城市商业银行和农村金融机构承兑金额增速分别为8.49%和6.93%，较全市场银票承兑金额增速分别低1.70个和3.26个百分点。2021年，全市场背书金额56.56万亿元，同比增长19.84%。其中，银票背书53.59万亿元，同比增长20.38%；商票背书2.97万亿元，同比增长10.82%。

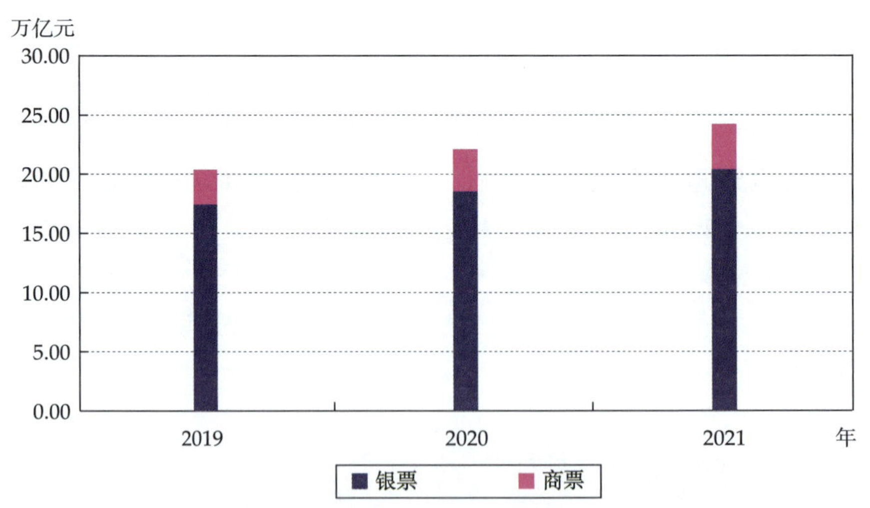

图3-1 2019—2021年全市场票据承兑金额变化

（数据来源：上海票据交易所）

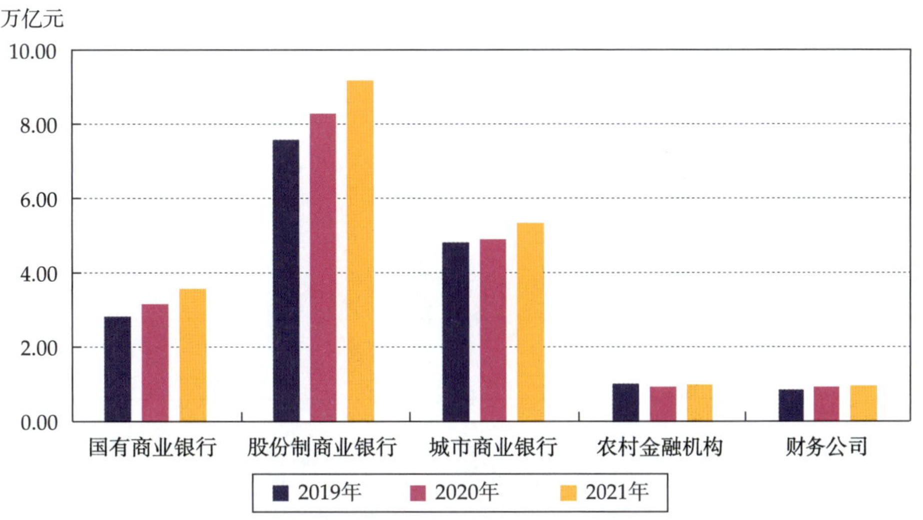

图3-2　2019—2021年不同类型机构银票承兑金额变化

（数据来源：上海票据交易所）

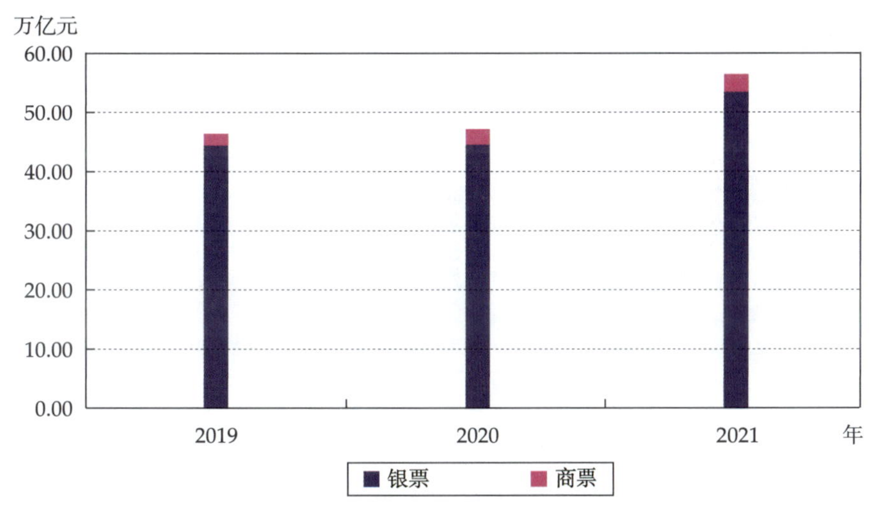

图3-3　2019—2021年全市场票据背书金额变化

（数据来源：上海票据交易所）

2021年，全市场贴现金额15.02万亿元，同比增长11.93%。其中，银票贴现13.80万亿元，同比增长11.43%；商票贴现1.22万亿元，同比增长17.98%。全市场贴现加权平均利率为2.85%，同比下降13个基点。其中，银票贴现利率为2.73%，同比下降13个基点；商票贴现利率为4.20%，同比下降20个基点。分机构类型看，国有商业银行、城市商业银行贴现金额同比分别增长14.96%和13.66%，较全市场平均增速分别高3.03个和1.73个百分点；股份制商业银行和农村金融机构贴现金额同比分别增长10.97%和2.81%，较全市场平均增速分别低0.96个和9.12个百分点。截至年底，商业银行票据质押余额达到1.12万亿元，同比增长9.70%。全年票据再贴现工具实现资金投放1.68万亿元，同比增长15.92%。

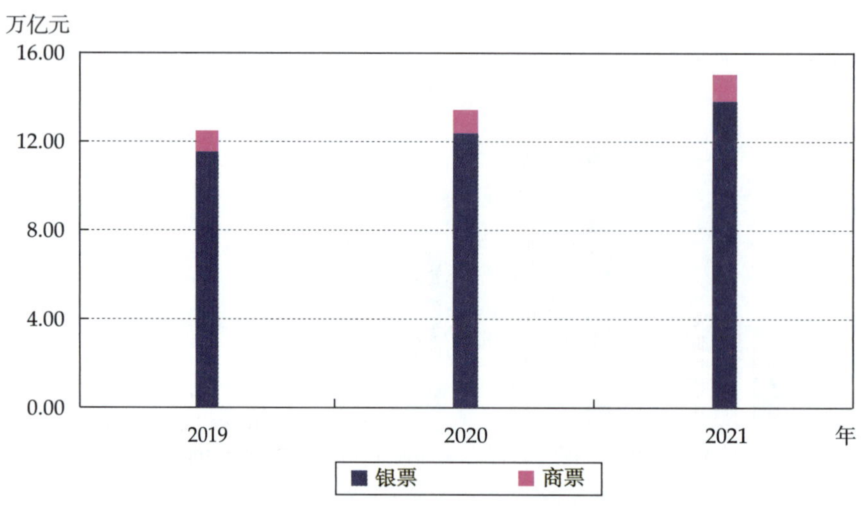

图3-4　2019—2021年全市场票据贴现金额变化

（数据来源：上海票据交易所）

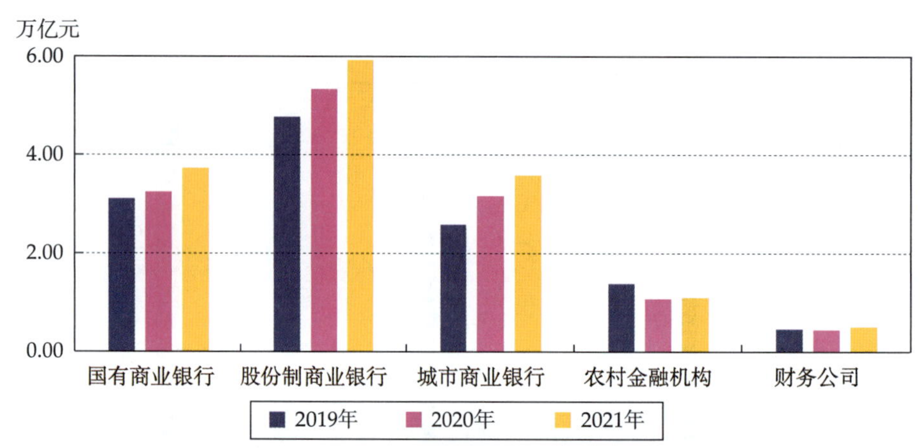

图3-5　2019—2021年不同类型机构票据贴现金额变化

（数据来源：上海票据交易所）

（二）票据交易保持活跃，市场参与者数量稳步增加

2021年，全市场转贴现交易金额46.94万亿元，同比增长6.41%，增速较上年低7.20个百分点。其中，银票转贴现交易42.07万亿元，同比增长2.70%，占转贴现交易总量的89.63%；商票转贴现交易4.87万亿元，同比增长54.74%，占转贴现交易总量的10.37%，占比较上年高3.24个百分点。剔除内部交易，农村金融机构、国有商业银行和城市商业银行转贴现交易同比分别增长38.47%、24.07%和16.77%，股份制商业银行转贴现交易基本持平，资管类产品转贴现交易同比下降26.81%[①]。2021年，

① 分机构类型的转贴现交易金额按照买入和卖出双边统计，下同。

票据回购交易金额22.98万亿元，同比增长14.98%。其中，质押式回购21.70万亿元，同比增长11.06%，占回购交易总量的94.44%；买断式回购1.28万亿元，同比增长187.53%，占回购交易总量的比重较上年上升2.22个百分点至5.56%。分机构类型看，农村金融机构和国有商业银行回购交易金额同比分别增长33.76%和15.91%，股份制商业银行和城市商业银行同比分别增长10.74%和6.88%[①]。从资金融入和融出方向看，城市商业银行和证券公司是主要的资金融入方，国有商业银行和股份制商业银行是主要的资金融出方；农村金融机构则由上年的资金净融出转变为净融入。

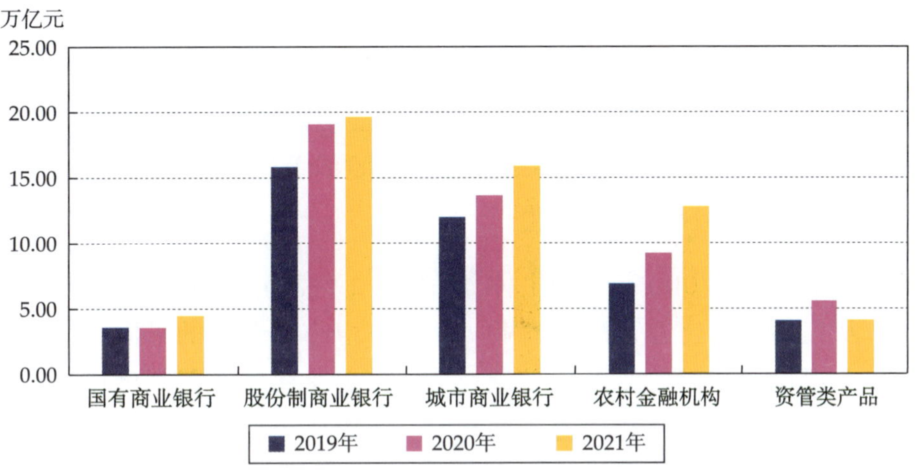

图3-6 2019—2021年不同类型机构转贴现交易金额变化（剔除内部交易）

（数据来源：上海票据交易所）

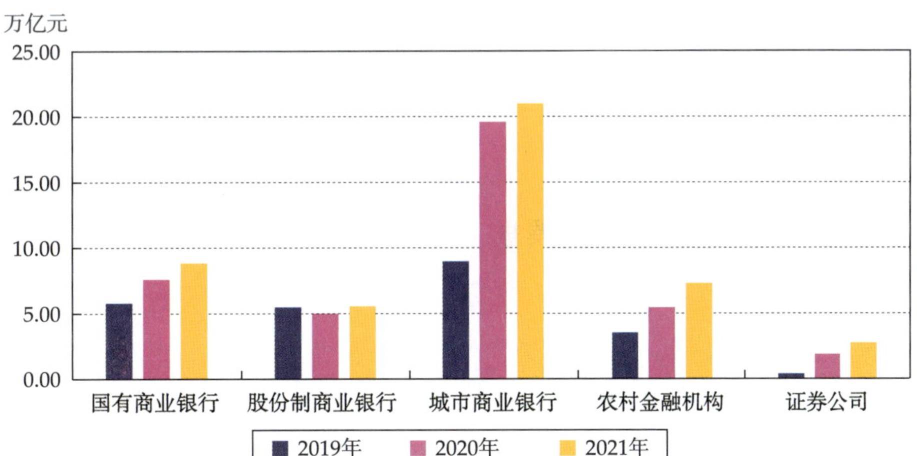

图3-7 2019—2021年不同类型机构回购交易金额变化

（数据来源：上海票据交易所）

① 分机构类型的回购交易金额按照正回购和逆回购双边统计，下同。

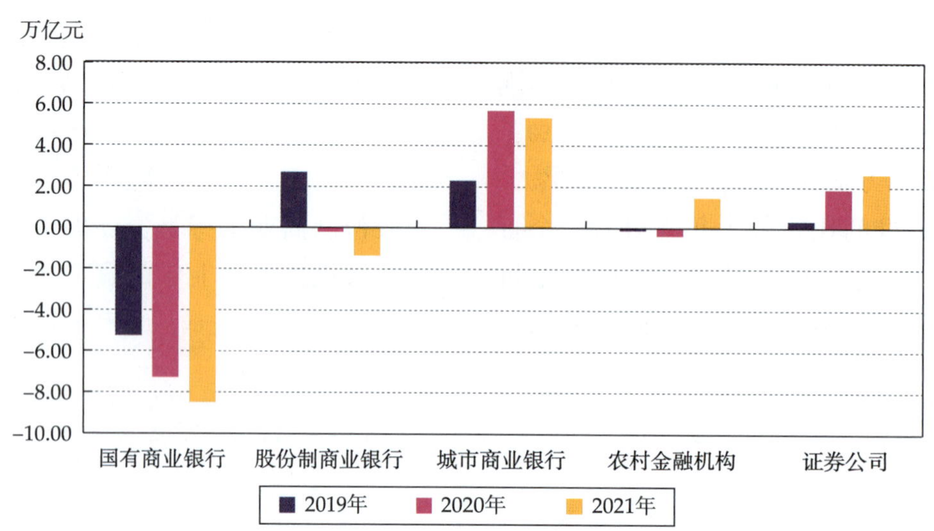

图3-8 2019—2021年不同类型机构通过回购交易实现资金净融入变化

（数据来源：上海票据交易所）

截至2021年底，超过2 000家市场主体参与票据交易。从交易量占比看，国有商业银行、股份制商业银行、城市商业银行是最主要的市场参与者，三者交易量合计占比达76.68%。中小机构交易活跃度有所提升，农村金融机构、非银机构交易量同比分别增长37.12%和75.08%，两者交易量占比分别较上年高2.97个和1.83个百分点。

二、主要特点

（一）企业用票保持较快增长，票据服务中小微企业导向突出

2021年，用票企业家数[①]达到318.89万家，同比增长17.72%；企业用票金额[②]达到95.72万亿元，同比增长15.75%。票据市场服务中小微企业的导向突出，有力支持了中小微企业稳健经营和健康发展。全年中小微企业用票企业家数达到314.73万家，占比为98.70%；中小微企业用票金额达到69.10万亿元，占比为72.19%。票据业务与中小微企业需求的契合度进一步提高，票据平均面额进一步下降：2021年，银票平均面额为80.44万元，同比下降5.83%；商票平均面额为108.57万元，同比下降12.94%。

（二）重点行业用票保障有力，有效贯彻宏观政策

2021年，票据市场各类主体围绕重点行业、产业链龙头企业积极创新业务模式和服务方式，有力提升票据业务与产业发展的协

① 用票企业家数指报告期开展签发（承兑）、背书和贴现业务的企业家数合计数。
② 企业用票金额指报告期企业票据签发（承兑）、背书和贴现金额合计数。

同性和契合度，在推动宏观经济恢复、产业结构优化中发挥了积极作用。从全年来看，全市场共有26个行业[①]实现用票金额同比增长，覆盖面达86.67%，其中，商务服务、有色金属、建筑装修等7个主要用票行业用票金额合计54.62万亿元，同比增长16.63%，增速较全市场平均增速高0.88个百分点。同时，基础科学研究、医药生物行业延续上年较快增长势头，用票金额同比分别增长29.93%和17.19%，增速较全市场平均增速分别高14.18个和1.44个百分点。

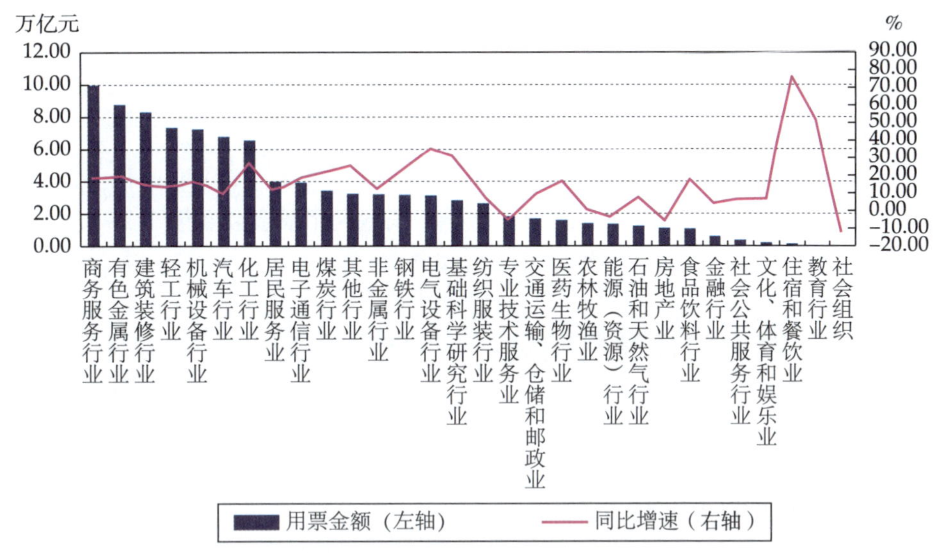

图3–9　2021年各行业用票金额及同比增速情况

（数据来源：上海票据交易所）

（三）票据服务区域经济协同发展，东部地区用票增长较为突出

2021年，东部地区用票金额为62.34万亿元，同比增长19.23%；中部地区和西部地区用票金额分别为15.75万亿元和13.36万亿元，同比分别增长9.14%和16.35%；东北地区用票金额为4.27万亿元，同比下降5.08%。东部地区，特别是经济基础好、受疫情影响小的长三角和珠三角地区，企业生产经营用票恢复较快，叠加多项票据市场产品和业务创新率先落地，票据业务与区域经济发展的协同性强。同时，东部地区用票规模在全国各地区处于领先水平，票据业务发展的示范引领作用也较为明显。

① 为更清晰地刻画各行业的用票情况，在《国民经济行业分类（2017）》的基础上，按照最终产品类型对用票企业所属的“行业小类”进行了重新归类，最终形成30个新的“行业板块”，下同。

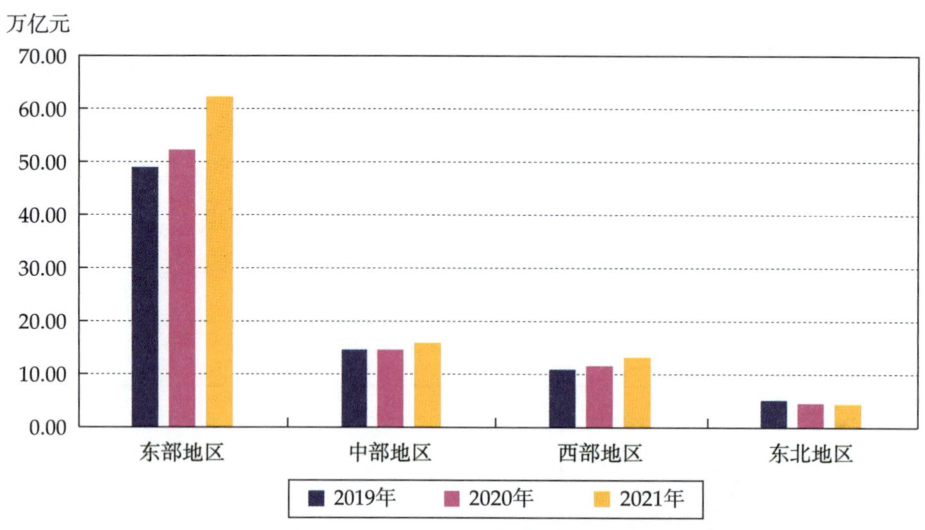

图3-10 2019—2021年全国不同地区用票金额变化

（数据来源：上海票据交易所）

三、产品创新、制度建设及基础设施建设

（一）票据信息披露制度落地实施

2021年8月1日，商业承兑汇票信息披露制度正式实施，为建设票据市场信用体系、优化市场生态迈出了重要一步。商业承兑汇票信息披露增加了承兑人违约成本，提高了信用状况良好企业票据的接受度和流动性，在提升企业信用意识、改善风险信息透明度、增强商票流通性等方面的作用逐步显现。截至2021年底，信息披露平台累计注册用户已达4.7万家，披露承兑信息的票据约236万张，披露金额约2.5万亿元，披露率为94%，公众查询量达2 428万次。

（二）供应链票据平台优化升级

2021年1月，上海票据交易所发布《供应链票据平台接入规则（试行）》，明确了供应链票据平台的接入条件、办理流程、监测评估等内容，进一步规范了供应链平台的接入工作。8月，供应链票据平台完成新一轮系统功能建设和优化升级，促进了供应链票据业务办理的便利化、规范化，投产上线的供应链平台稳步增加。截至年底，供应链票据平台共登记企业超过3 000家，小微、涉农、绿色企业合计占比超过60%，各项业务金额合计671.63亿元，供应链票据贴现金额和承兑金额的比值为65.96%，单笔贴现金额在1 000万元以下的笔数占比为47.96%，小额票据贴现融资效率有所提高，有力服务了实体经济发展。

（三）“贴现通”业务服务效能持续提升

2021年，“贴现通”业务稳步发展，在促进贴现融资供需匹配、提升贴现融资效率、降低企业融资成本等方面发挥了积极作用。截至年末，“贴现通”累计服务企业1.40万家，同比增长79.03%，其中民营小微企业占比为92.13%；促成5.38万张票据达成贴现意向，票面金额合计1 178.18亿元，同比增长195.95%，其中100万元以下的小额票据3.52万张，占比为65.40%。全年通过“贴现通”业务办理贴现票据的平均利率为2.89%，同比下降14个基点，较企业贷款利率低172个基点。“贴现通”有效支持实体经济降低融资成本，实现精准扶持民营小微企业，切实缓解票据融资难题。

（四）“票付通”普惠金融服务优势凸显

2021年，上海票据交易所推动“票付通”业务深入应用，打造了“票据+工业制造”“票据+电力”等场景样本，并在部分行业复制推广，助力行业平台实现票据支付互联网化，提升企业票据服务可得性。截至2021年底，累计11家合作金融机构、164家企业电票开户银行、44家B2B平台以及3 025户平台企业参与“票付通”，支付金额610.90亿元，较年初增长近3倍，业务量实现跨越式增长。其中，服务中小微和“三农”企业2 361户，占比近80%。企业通过“票付通”签收的电票贴现率达到54.22%，较上年提升超11个百分点，其中10家活跃平台的贴现率达到87.55%，以支付促融资，增强票据服务实体经济能力。

（五）再贴现票款对付（DVP）结算功能投产上线

根据《中国人民银行办公厅关于做好再贴现业务票款对付结算工作的通知》（银办发〔2021〕110号）要求，上海票据交易所发布《再贴现业务系统操作指引》和《关于再贴现业务票款对付结算等功能投产上线工作的通知》，明确了DVP结算业务办理规则和操作步骤。2021年11月22日，再贴现DVP结算功能正式投产上线运行，实现了再贴现业务审批流程和资金结算流程一体化运行，提高了业务办理效率，降低了操作风险。

四、风险防范与处置

（一）推动完善票据市场风险防范与应对处理机制

2021年，上海票据交易所构建了票据市场风险识别、分析、评估机制，完善了企业票据业务监测指标体系，加强对大额逾期、过度承兑、杠杆率过高等高风险领域的重点监测，提升风险预警水平，维护市场运行秩序。进一步完善大数据智能化票据监测预警平台，提高监测工作线上化和智能化水平；推出风险监测驾驶舱功能，提升监测可视化水平和监测效率。同时，为进一步提升票据市场风险防控工作的规范化和前瞻性，上海票据交易所研究制定了票据市场风险应对处理的有关制度规范，就伪假票据、金融机构过度承兑、票据逾期、回购交易杠杆率异常等市场风险类型设定了应对处理的具体标准，明确了应对处理的规则与程序，促进市场风险防控工作更加规范有序开展。

（二）推广企业票据账户主动管理服务

2021年，上海票据交易所积极推广票据账户主动管理服务功能，有效防范冒名账户办理票据业务的风险。全年共组织近500家企业和金融机构参加宣传推广活动，并通过举办财务公司专场培训班、邀请代表性财务公司分享成功经验的方式进行有针对性的推广。截至2021年底，已有2 209家客户开通票据账户主动管理服务功能，成功拦截了数起不法分子冒用企业名义办理电票业务事件。

（三）持续开展票据行为人监测与风险提示

2021年，为确保发现风险并处置风险的及时性，上海票据交易所持续对电子商业汇票系统（ECDS）中业务行为人信息开展监测，定期将系统记载的票据行为人名称与工商登记名称进行比对和排查，并向记载差异较大票据涉及的金融机构发送风险提示函，要求其及时排查问题，加强系统管控。

五、发展展望

2022年，票据市场将继续强化信用体系建设，提升服务实体经济功能，加强市场风险防范，各项业务有望保持平稳增长，积极支持实体企业尤其是中小微企业健康发展。一是票据市场信用环境将进一步优化。随着商票信息披露制度的不断推进，票据信用体系建设将进一步强化，市场化约束效用将逐步显现，企业信用意识将有效增强，票据市场健康发展基石进一步夯实。二是票据市场服务实体经济功能将进一步显现。随着新一代票据业务系统上线运行，供应链票据平台进一步升级，“贴现通”“票付通”系统功能持续优化，票据市场基础设施不断完善，将更好地满足产业链供应链金融服务需求，提升票据市场服务实体经济功能。三是票据市场风险防范和处置机制将进一步完善。随着票据市场相关法律法规进一步修订完善以及票据业务监测指标体系不断健全，市场风险防范与处置机制将进一步完善，从而有效维护市场运行秩序，促进票据市场健康发展。

专题一 落实商票信息披露制度 构建票据市场信用体系

2021年8月1日，商业承兑汇票信息披露制度正式施行，标志着商票信息披露由试点阶段转向了全面落地实施，票据市场信用体系建设迈出了关键一步。截至2021年底，平台累计注册用户4.7万家，已披露金额2.5万亿元，制度正式实施以来披露率达到94%。

一、强基础、广宣传，积极推动信息披露制度落地实施

为推动信息披露制度落地实施，人民银行广泛进行宣介推广，由上海票据交易所建设运营票据信息披露平台，制定配套制度细则，组织承兑企业开展披露，全力保障制度落地实施效果。

一是加强平台建设，夯实制度实施基础。由上海票据交易所建设运营的信息披露平台是人民银行唯一指定的票据信息披露平台。平台运行保持稳定高效的同时，注重根据用户需求和体验不断完善和优化各项功能，用户体验、披露效率不断提升，为信息披露制度落地夯实了基础。

二是出台配套制度细则，提升制度落地实操性。2020年12月30日，上海票据交易所出台《商业承兑汇票信息披露操作细则》，为信息披露制度实施提供了具体的操作指引，实现了制度与流程的有机衔接，为信息披露规范化施行提供了有力的实操依据。

三是多渠道宣传推广，推动企业注册和披露。通过组织召开政策宣传会、建立联系人制度、建立微信问答群、开通平台热线等多种渠道推动信息披露工作，积极推动承兑企业注册信息披露平台并及时披露相关信息，承兑企业、财务公司对信息披露的关注度和参与度不断提高，注册率、披露率不断上升。

四是精细化运营和服务，支持披露业务开展。持续监测承兑企业披露情况，明确和规范信息披露平台业务操作规程，做好热线电话、微信群等渠道的业务咨询答疑工作，开展信息披露平台业务运行检查、技术支持和用户服务等精细化运营和服务工作，保障平台平稳运行，支持披露工作顺利开展。

二、重信用、优环境，市场化约束成效初显

商业承兑汇票信息披露制度正式落地实施以来，在提升企业信用意识、改善风险识别效果、增强商票流通性等方面的作用逐步显现。

一是企业票据行为趋向规范，珍视信用意识提升。通过对存在未注册、伪假账户、延迟披露、持续逾期以及其他异常情况的承兑人进行市场公开提示，增加承兑人的违约成本。信息披露及时、准确，信用状况良好的企业更有可能优先获得银行承兑、贴现服务，达到了优化企业自身信用、提高信用意识、规范票据业务行为的效果。平台注册用户更加珍视企业信用，规范兑付行为，商票逾期未付比例显著下降。

二是风险识别效果有所改善，金融服

务精准性提升。通过商票信息披露平台的日常监测机制，成功发现并及时处置多起伪假票据事件，提早在相关伪假票据流通前对票据进行锁定，避免了市场成员遭受损失。金融机构遵照信息披露制度要求，履行相关查询义务，了解企业承兑票据信息及信用情况，增强了识别企业信用状况的能力，引导资金合理流向信用状况良好的企业，提高了金融服务实体经济的精准性。

三是商票流通性逐步增强，支持实体经济能力提升。商票信息披露平台为企业提供了展示信用的渠道，提升了自身商票的透明度。随着越来越多的商票承兑主体开展注册和披露，信用环境持续优化，有效提高了商票流通效率和融资便利度。在此基础上，信用良好企业的商票承兑和披露意愿也不断提升，从而形成了商业信用发展的良性循环，进一步强化了商票支持实体经济的作用。

专题二　优化升级供应链票据平台　科技助力票据服务实体经济

供应链金融创新发展是金融供给侧结构性改革和支持中小微企业融资的重要路径，供应链票据是人民银行推动供应链金融规范创新的重点工作之一。2021年，在人民银行指导下，上海票据交易所积极运用科技赋能，持续优化升级供应链票据平台，供应链票据服务实体经济效果显著。

一、供应链票据平台持续优化升级

为更好地发挥票据在供应链金融中的积极作用，落实《关于规范发展供应链金融 支持供应链产业链稳定循环和优化升级的意见》（银发〔2020〕226号），2021年供应链票据平台在完成系统升级优化、实现支持票据全生命周期功能的同时，建立健全了平台风险防控机制，新一批符合要求的供应链平台投产上线，供应链金融票据市场配套基础设施建设进一步加强。

一是不断完善系统功能建设，促进业务办理便利化规范化。为落实银发〔2020〕226号文件关于加强供应链票据平台的票据签发、流转、融资相关系统功能建设的要求，2021年8月，结合新一代票据业务系统建设总体规划，供应链票据平台实现优化升级：新增供应链票据银行承兑、跨平台背书流转、交易关系信息上传绑定和到期扣款确认等功能；完善了企业信息校验功能，加强对企业身份真实性的验证；支持贴现行查询合同、发票等交易关系信息。新版本上线后，企业既可在供应链场景下签发商业承兑汇票，也可签发银行承兑汇票，丰富了企业选择。同时，新版本支持企业通过供应链平台向其他平台上的企业发起背书转让申请，实现供应链票据跨平台流转，有助于维护产业生态良性循环。

二是引入更多符合条件的供应链平台，积极拓展参与主体。2021年1月，上海票据交易所发布了《供应链票据平台接入规则（试行）》，明确了供应链平台需要具备的接入条件和流程，自此企业参与供应链票据业务有据可依。通过全面衡量申请机构的主体条件、客群资源、持续运营能力、风险管理能力、信息集成能力等，全年陆续引入了15家供应链平台，其中12家平台完成接入。

三是建立健全风险防控机制，严把供应链票据风险关。为进一步加强票据市场风险防控中心建设，探索完善供应链票据风险防控机制，落实银发〔2020〕226号文件关于完善供应链信息与票据信息匹配、探索建立交易真实性甄别和监测预警机制的要求，上海票据交易所通过推动落实信息披露制度实施，积极推进供应链票据信息披露，推动平台企业承兑信息、承兑信用信息的公开化，降低供应链票据伪假风险，助力市场主体评估核心企业信用风险。

二、供应链票据服务实体经济效果初步显现

随着供应链票据平台核心功能升级完善，参与主体不断拓展，业务规模连续攀升。截至2021年底，平台登记企业超过

3 000家，小微、涉农、绿色企业合计占比超过60%，供应链票据累计业务规模达671.63亿元，有力服务了实体经济发展。

一是提升票据支付的场景化和便利化功能，促进应收账款票据化。平台企业直接通过供应链平台完成供应链票据的签发、流转和融资，从而进一步推进票据的供应链场景化使用，提升了企业办理票据业务的便利性和用票意愿，从源头上促进了应收账款票据化。

二是提升交易背景信息透明度，便利中小微企业融资服务。供应链票据通过引入供应链平台作为信息中介，运用技术手段整合链上商流、物流、信息流、资金流等信息，形成“四流合一”的全产业链生态服务闭环，有效弱化了信息不对称，更为直观透明地反映企业间的真实交易关系，提升企业票据融资的便利性和可得性。

三是促进优质信用传递，提高中小微企业融资效率。供应链票据平台促进了链上优质企业的信用传递，链上小微企业可以通过分享核心企业的优质信用，获得金融机构更为优惠的融资服务。同时，基于供应链票据信息透明优势，金融机构在为供应链票据办理贴现时，基于承兑人信用信息，可以提高中小微企业贴现审核效率，促进小额票据贴现融资。

第四章　债券市场

2021年，中国债券市场总体发展平稳，债券发行规模和托管量继续增长，现券交易保持活跃，绿色债券快速发展，产品创新能力不断提升，债券市场基础设施统筹管理和互联互通进一步加强，债券市场高质量发展和服务实体经济质效进一步提升。

一、运行情况

（一）债券一级市场

1. 发行量继续增长

2021年，全国债券市场共发行各类债券62.0万亿元，较上年增长8.1%。其中，全国银行间债券市场发行量为53.1万亿元，同比增长9.2%，占债券市场发行总量的85.6%；交易所债券市场发行量为8.9万亿元，同比增长2.2%，占债券市场发行总量的14.4%。

分券种看，发行量排在前三的券种依次是同业存单、公司信用类债券和金融债券，发行量分别为21.8万亿元、14.8万亿元和9.7万亿元，分别较上年增长14.87%、7.11%①和4.34%。

表4-1　2021年债券市场主要券种发行量

券种	发行量/亿元	同比增长率/%	券种	发行量/亿元	同比增长率/%
国债	66 758.1	-4.87	信贷资产支持证券	8 815.3	11.87
地方政府债	74 826.3	16.12	同业存单	217 922.9	14.87
金融债券	96 875.2	4.34	其他	6 300.7	-34.44
公司信用类债券	148 385.3	7.11	合计	619 883.8	8.14

数据来源：中国证监会、中央结算公司、上海清算所。

注：1. 金融债券包括国开行及政策性银行债、券商短融、银行间金融债券和交易所金融债券。其中，银行间金融债券是指在中国境内涉及的金融机构法人发行的金融债券，包括商业银行发行的普通金融债券、次级债、混合资本债、二级资本工具、永续债，保险公司发行的资本补充债券、汽车金融公司等非银行金融机构发行的债券。

2. 公司信用类债券包括非金融企业债务融资工具、资产支持票据、企业债券、公司债券、交易所资产支持证券等。

3. 其他包括汇金债、北金所债权融资计划、国际机构债券、标准化票据等。

① 按可比口径计算，2020年公司信用类债券为13.9万亿元。

2. 托管量增幅近15%

截至2021年末，全国债券市场托管余额约为133.5万亿元，同比增长14.1%。其中，银行间债券市场托管量为114.7万亿元，同比增长13.9%，占全国债券市场托管量的85.9%；交易所债券市场托管量为18.8万亿元，同比增长15.5%，占全国债券市场托管量的14.1%。

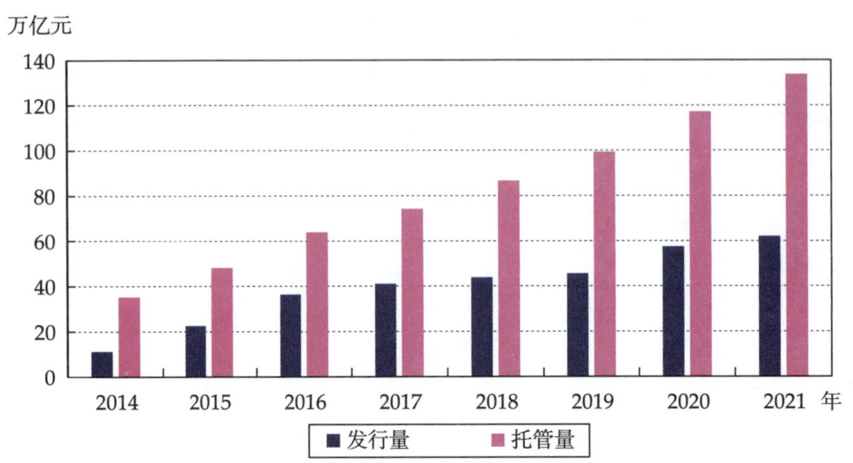

图4-1　债券市场发行量与托管量历史趋势

（数据来源：中国证监会、中央结算公司、上海清算所）

（二）债券二级市场

1. 现券交易量小幅下降

2021年，债券市场现券累计成交243.4万亿元，同比下降3.8%。其中，银行间债券市场现券累计成交214.5万亿元，同比下降7.9%，成交量占全市场的88.1%；交易所债

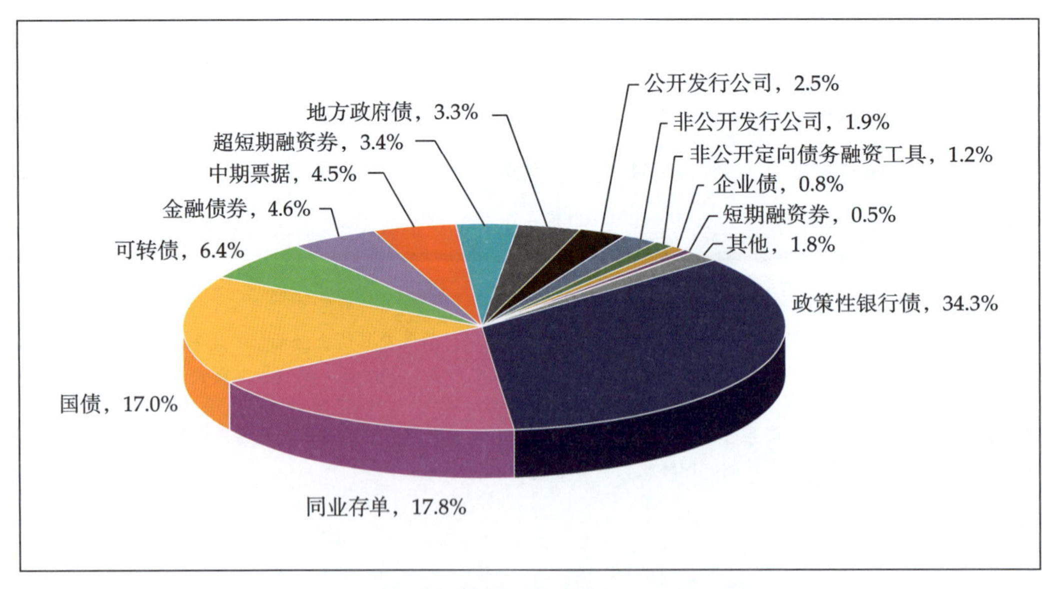

图4-2　2021年债券市场现券交易券种结构

（数据来源：中国外汇交易中心、上海证券交易所、深圳证券交易所）

券市场现券累计成交28.9万亿元，同比增长43.4%，成交量占全市场的11.9%。

从券种结构来看，政策性银行债、同业存单、国债和可转债现券成交量排名前四，占比分别为34.3%、17.8%、17.0%和6.4%。其中，政策性银行债、同业存单和国债交易量占比分别较上年下降2.4个、2.3个和2.3个百分点，可转债交易量占比较上年提高0.8个百分点。

从银行间债券市场交易的期限结构来看，剩余期限为0～1年[①]、1～3年、3～5年、5～7年、7～10年和10年以上的交易量分别为74.7万亿元、30.6万亿元、24.1万亿元、9.4万亿元、67.0万亿元和8.5万亿元，占比分别为34.8%、14.3%、11.3%、4.4%、31.3%和4.0%[②]。

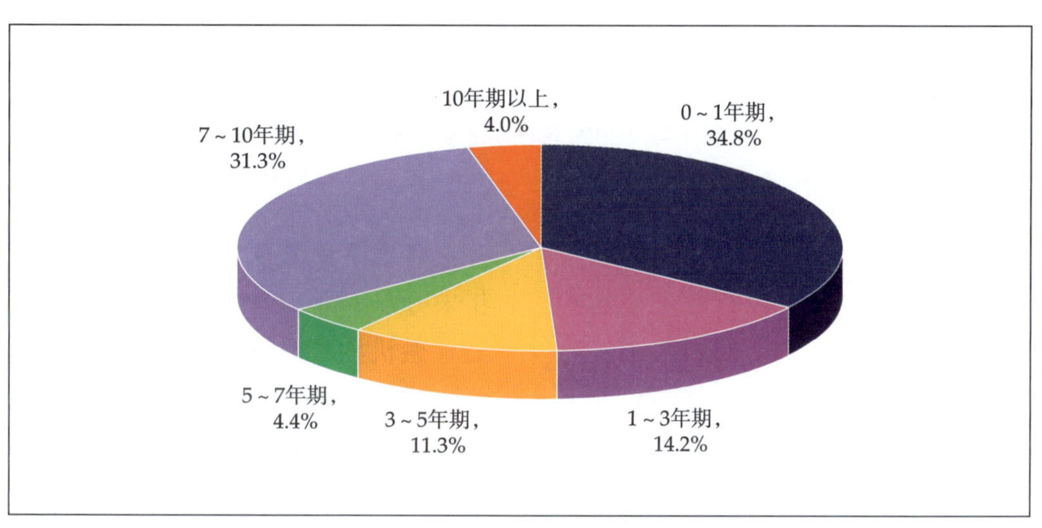

图4-3 2021年银行间债券市场现券交易期限结构

（数据来源：中国外汇交易中心）

2. 价格指数上行

债券价格指数总体呈稳步上升走势。中债总财富（总值）指数从2020年底的198.0上涨至2021年底的209.3，涨幅为5.7%；上海清算所银行间信用债综合指数从131.0上涨至136.8，涨幅为4.4%；上证公司债券指数从211.5上涨至219.3，涨幅为3.7%；深证公司债综合指数从186.1上涨至192.6，涨幅为3.5%。

① 期限均为前闭后开，以1～3年为例，包括1年期的债券，但不包括3年期的债券。

② 因数据四舍五入，占比之和不等于100%。

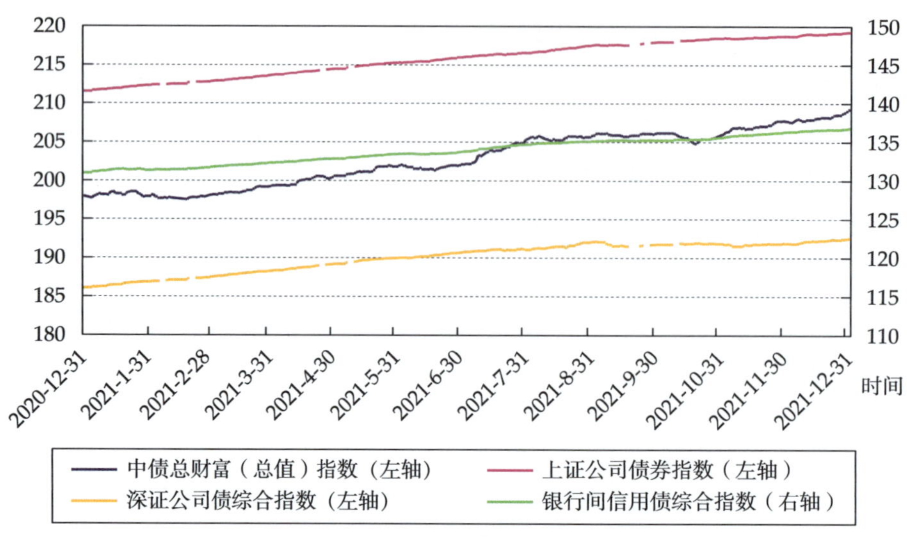

图4–4　2021年债券指数变化趋势

（数据来源：中央结算公司、上海清算所、上海证券交易所、深圳证券交易所）

3.投资结构变化不大

银行间债券市场投资者以存款类金融机构和非法人类产品为主。截至2021年末，存款类金融机构和非法人类产品持债规模排名前两位，持债规模分别为63.6万亿元和34.2万亿元，占比分别为55.9%和30.0%，较2020年末分别下降2.0个和上升1.2个百分点。存款类金融机构持有比重最大的券种为地方政府债，非法人类产品持有比重最大的券种为同业存单。

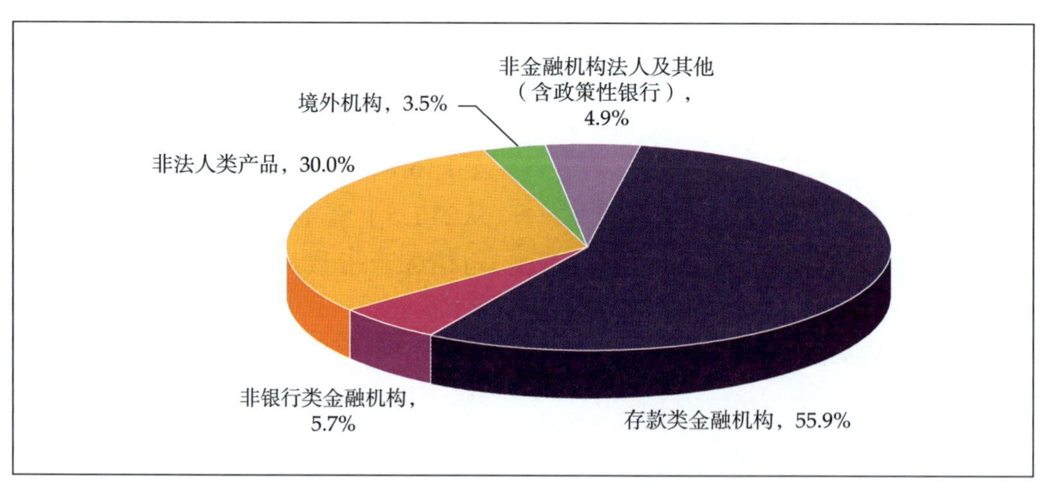

图4–5　2021年末银行间债券市场投资者结构

（数据来源：中央结算公司、上海清算所）

交易所市场投资者持债结构与上年基本一致。截至2021年末，上交所的资管专户产品[①]和银行自营持债规模靠前，分别为4.35万亿元和1.89万亿元，占比分别为28.6%和

① 资管专户产品包括私募基金、基金专户、券商资管、信托产品、期货资管、保险资管。

12.4%。深交所投资者结构主要受自2021年10月起调整投资者分类影响[①]，其他专业机构和一般机构持债规模靠前，分别为0.7万亿元和0.4万亿元，占比分别为25.0%和14.6%。

二、主要特点

（一）收益率整体下行

2021年，国债收益率全年走势震荡下行。1—2月，经济恢复性增长势头持续巩固，收益率稳步上升，达到全年高点；3—6月，收益率小幅下降；7月央行降准，宽货币预期升温，收益率快速下行；8—9月，预期修正，收益率回升；10—12月，央行加大逆回购投放力度，降准降息，收益率下行。截至2021年末，3个月期、1年期、3年期、5年期、7年期和10年期国债收益率分别为2.00%、2.24%、2.46%、2.61%、2.78%和2.78%，分别较年初下降15.12个、25.23个、42.00个、38.69个、43.00个和40.26个基点。

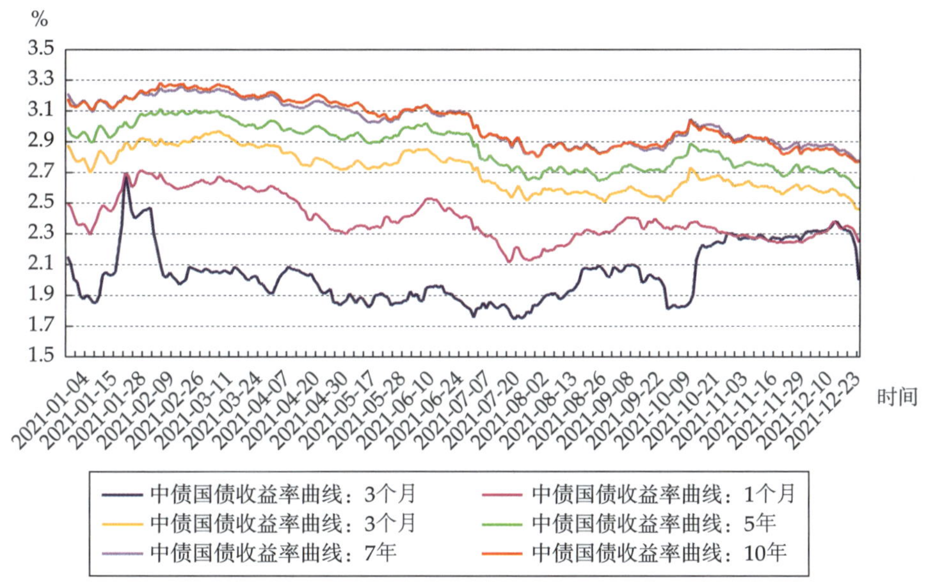

图4-6 2021年关键期限国债收益率走势

（数据来源：中央结算公司）

2021年，交易所公司债券收益率走势与国债收益率整体一致。上半年先升后降，7月加速下行，8月至年末先升后降。截至2021年末，1年期、3年期和5年期AAA级关键期限公司债券收益率分别为2.75%、2.95%和3.26%，较年初分别下降40.62个、58.44个和51.23个基点。

① 自2021年10月起，深交所根据证监会统一部署对投资者类型进行了微调，主要表现为原属于一般机构的若干子类调整至其他专业机构等。

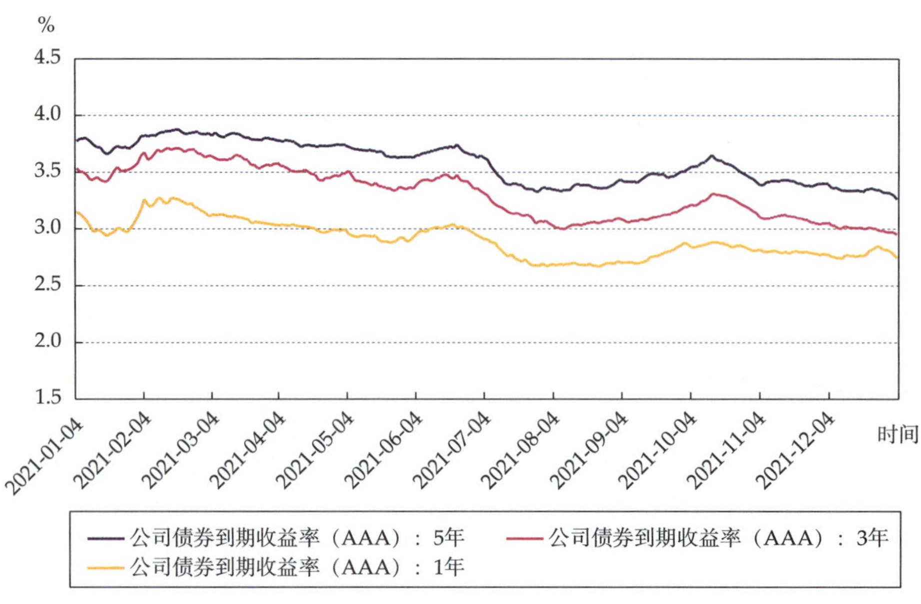

图4-7　2021年交易所公司债券（AAA）到期收益率

（数据来源：上海证券交易所）

（二）绿色债券市场快速发展

在国家碳达峰、碳中和目标引领下，我国绿色债券市场发行规模快速增长，存量规模稳步提高。2021年，我国发行绿色债券484只，金额合计6 042亿元，同比增长166.10%[①]，为历年之最，累计发行规模位居全球第二。其中，2021年全年共发行绿色债务融资工具（含绿色ABN）266只，金额合计3 135.17亿元，是2020年的5.76倍，占境内绿色债券发行总规模的五成以上。绿色债务融资工具发行期限以中长期为主，募集资金用途集中于清洁能源、清洁交通等绿色领域，发行主体主要分布于北京及东部沿海区域。截至2021年末，绿色债券托管量达1.13万亿元，较2020年末增加2 345.01亿元，增长26.07%。其中，绿色债务融资工具存量为3 675.68亿元[②]，较上年末增长190.13%。

（三）交易仍较活跃

2021年，银行间债券市场现券换手率[③]为173.4%，同比下降35.2个百分点，整体仍较活跃。其中，政策性银行债、同业存单和记账式国债活跃度最高，现券换手率分别为406.6%、310.0%和183.4%；商业银行债券、非银金融机构债、资产支持证券和企业债的交易活跃度有所提高，同比分别上升65.2个、30.6个、18.9个和3.4个百分点。

① 数据来源交易商协会和Wind。
② 债券规模统计中，绿色债务融资工具包含交易商协会ABN。
③ 现券换手率=期间现券交易量/期末托管量×100。

表4-2 2021年银行间债券市场主要券种年换手率

券种	现券换手率/%	同比变化/个百分点	券种	现券换手率/%	同比变化/个百分点
记账式国债	183.4	-52.9	非银金融机构债	89.8	30.6
地方政府债	26.0	-26.1	非金融企业债务融资工具	173.7	-16.2
政策性银行债	406.6	-68.9	同业存单	310.0	-125.3
政府支持机构债	27.4	-24.8	企业债	59.4	3.4
商业银行债券	146.2	65.2	资产支持证券	40.7	18.9

数据来源：中央结算公司、上海清算所。

（四）交易所公司债券发行及投资结构发生变化

2021年，上交所公司债券发行及投资结构发生变化。其中，公开发行公司债券规模为2.04万亿元，占比为54%，发行规模同比增长21%，发行人以AAA评级为主；非公开发行公司债券规模为1.75万亿元，占比为46%，发行规模同比下降10%。参与者方面，资管专户、银行理财等专业机构的占比明显提高，分别较上年上升9.1个和3.2个百分点，一般法人类持债规模同比下降10.1个百分点。

2021年，深交所公司债券发行及投资结构发生变化。其中，公开发行公司债券规模为0.55万亿元，占比为70%，发行规模同比增长44%，发行人以AAA评级为主；非公开发行公司债券规模为0.24万亿元，占比为30%，发行规模同比下降16%。参与者方面，其他专业机构（含银行理财等）占比明显提高，上升22.5个百分点，一般法人类持债规模同比下降33.3个百分点。

（五）地方政府债发行规模显著增长

2021年，地方政府债（以下简称地方债）发行规模达7.49万亿元，较上年增长16.3%，为社会经济发展筑牢财政后盾。地方债加权平均发行利率为3.36%，较前五个工作日同期限国债发行利率平均上浮24个基点。分区域看，不同经济发展水平、不同债务率地区地方债定价差异进一步凸显，反映了地方债发行市场化水平持续提升。

三、产品创新

（一）创新绿色债券、可持续发展债券产品，助推碳达峰、碳中和目标实现

1. 推出碳中和绿色债券等多种创新品种

银行间市场方面，2021年2月，交易商协会创新推出碳中和债，精准引导募集资金流向绿色低碳领域，引领国内碳中和债市场的发展；同月，三峡集团等六家发行人在银行间市场成功发行首批碳中和债，是全球率先以碳中和进行专门标识的绿色债券；3月，国家开发银行在银行间市场向全球投资者发行全国首单碳中和专题绿色金融债券，募集资金用于推动电力系统脱碳、助力实现能源系统跃迁；4月，交易商协会创新推出可持续发展挂钩债券（SLB），通过债券结构设计，满足企业低碳转型资金需求，助力高耗能高污

染行业向清洁低碳方向转型；5月，国电电力等七家发行人在银行间市场成功发行全国首批可持续发展挂钩债券，通过市场化约束机制激励企业绿色低碳转型，助力可持续发展目标实现。截至2021年末，银行间市场共发行碳中和标识绿色债务融资工具131只，规模为1 776.61亿元，占同年绿色债务融资工具发行规模的56.67%，占全市场碳中和债发行规模的69%；同期，银行间市场共发行可持续发展挂钩债券24只，金额合计348亿元。

交易所市场方面，2021年2月，上交所推出专项用于碳中和的绿色债券；7月，深交所在原有绿色债券框架下创新推出碳中和专项债、可持续发展挂钩债以及绿色债券创新子品种蓝色债券，蓝色债券专门服务海洋资源可持续利用；8月，上交所试点推出蓝色债券。2021年，上交所债券市场发行绿色债券和绿色资产支持证券合计规模1 195.2亿元，较上年增长75.7%。其中，绿色债券690.9亿元（包括碳中和绿色债券377.0亿元），绿色资产支持证券504.3亿元。截至2021年末，深交所累计发行碳中和专项债、绿色ABS等产品16只，融资金额超过130亿元。

2. 发布碳中和债券指数及相关产品

2021年3月，中债金融估值中心有限公司发布“中债–碳中和绿色债券指数”，指数样本由境内公开发行的碳中和绿色债券构成。该指数的发布积极响应了国家绿色低碳可持续发展的重大战略决策，为投资者提供了优质的碳中和债券指数化投资标的和业绩比较基准；同月，上海清算所发布上海清算所碳中和债券指数。5月，首只面向个人投资者的碳中和主题结构性产品成功发行，挂钩“中债–碳中和绿色债券指数”，引领资金流向绿色低碳产业；同月，兴业银行以上海清算所碳中和债券指数为挂钩标的，发行碳中和债券指数挂钩人民币结构性存款产品，并完成基于碳中和债券指数结构性存款的期权平盘交易。

专栏　绿色债券产品和ESG应用创新发展，助力实现“30·60”目标

为深入贯彻习近平总书记生态文明思想，落实减污降碳、协同增效各项举措，债券市场各方积极推动绿色债券产品和ESG应用创新发展，主动响应国家“双碳”战略，推动绿色高质量发展。

一、创新推出碳中和债和可持续发展挂钩债券

在人民银行的指导下，交易商协会创新推出碳中和债和可持续发展挂钩债券，通过专项产品引导资源向绿色低碳领域倾斜，提升债务融资工具市场服务实体经济能力。

2021年，交易商协会创新推出碳中和债并发布《关于明确碳中和债相关机制的通知》，助力实现“30·60”目标。碳中和债是指募集资金专项用于具有碳减排效益的绿色项目的债务融资工具，需满足绿色债券募集资金用途、项目评估与遴选、

募集资金管理和存续期信息披露四大核心要素，属于绿色债务融资工具的子品种。2021年度，在交易商协会注册发行的碳中和债募投领域包括清洁能源、清洁交通、可持续建筑和工业低碳改造，各领域募投规模分别为1 535.75亿元、211.86亿元、27亿元和2亿元。根据评估认证报告测算，按募投金额与项目总投资金额的比例折算，2021年发行的碳中和债预计每年可带动减排二氧化碳3 087.84万吨、节约标准煤1 356.45万吨。

2021年4月交易商协会推出可持续发展挂钩债券，以满足传统行业转型或新能源等其他行业可持续发展的资金需求，为低碳转型创新融资工具。可持续发展挂钩债券是指将债券条款与发行人可持续发展目标相挂钩的债务融资工具。挂钩目标包括关键绩效指标（KPI）和可持续发展绩效目标（SPT）。其中，关键绩效指标是对发行人运营有核心作用的可持续发展业绩指标；可持续发展绩效目标是对关键绩效指标的量化评估目标，并需明确达成时限。截至2021年底，在交易商协会注册发行的24只可持续发展挂钩债券涉及20家发行人，其中电力、钢铁、煤炭、水泥、建筑、交通等传统行业企业的发行量占比为92%，并且应用范围仍在不断拓宽，以满足更多企业低碳转型资金需求。

二、债券市场ESG应用实践取得积极进展

近年来，以ESG为代表的可持续投资为实现我国“30·60”目标与经济社会可持续发展发挥了积极作用，ESG投资理念快速普及。截至2021年末，我国签署联合国负责任投资原则（PRI）的机构达84家，较2020年增长53%，是全球范围内机构数量增长最快的国家。

2021年，国内债券市场ESG应用实践取得积极进展。一是债券市场ESG评价体系与数据库持续完善。中央结算公司在2020年发布首个覆盖境内所有公募信用债发行人的ESG评价体系的基础上，2021年对评价体系进行全面升级，实现对境内公募信用债发行主体和A股上市公司全覆盖，现已形成包括ESG评价、ESG数据库、ESG报告、ESG指数以及ESG咨询在内的产品体系。二是ESG指数投资策略及产品快速发展。2021年，基于中债ESG评价体系，表征债券市场ESG状况的优选信用债指数、首只保险资管行业的ESG债券指数、首只高等级长三角ESG主题债券指数、境内首只ESG主题中资美元债指数等相继发布，为ESG投资提供业绩基准与跟踪标的。三是ESG信息是对基于财务信息的传统信用评级框架的有效补充，ESG评价在信用分析和风险管理中的重要性日益凸显。当前多家市场机构已开始应用ESG指标作为投资风险的观测维度，部分大型机构采用ESG评价实施负面剔除、正面筛选等投资策略，将ESG评价能力作为选取资产管理人的重要标准。

（二）推出战略性新兴产业、乡村振兴发展、革命老区振兴发展、防汛复兴等主题债券助力国家重点战略实施

1. 推出乡村振兴票据等工具，助力国家重点战略实施

为贯彻落实党中央、国务院全面推进乡村振兴相关要求，2021年3月，交易商协会推出乡村振兴票据，募集资金用途聚焦“三农”发展，拓宽乡村振兴融资渠道。截至2021年底，25个省（自治区、直辖市）的105家企业发行132期乡村振兴票据，融资金额为1 014.62亿元，募集资金主要用于促进农副产品贸易流通，支持涉农收费公路、电力项目、农村物流体系等基础设施建设和维护，助力特色农业发展及产业园区建设等多种用途。

为助力国家重点战略实施，政策性银行发行各类主题债券，引导社会资金支持国家重点领域、重大战略和经济社会发展。国家开发银行发行“乡村振兴”和“京津冀协同发展”专题债券合计326亿元，发行“黄河流域生态保护和高质量发展”专题绿色金融债券100亿元，支持拓展脱贫攻坚成果、促进区域协调发展；中国进出口银行发行“支持粤港澳大湾区建设”、“抗洪涝稳外贸”和“防汛复产，能源保供”等主题金融债券合计90亿元，深化落实金融支持粤港澳大湾区建设和防汛救灾工作部署；中国农业发展银行发行“支持冷链物流建设”和“支持南繁硅谷建设”等主题金融债券合计80亿元，发行首单用于“森林碳汇”的碳中和债券36亿元，助力国家重点基地建设，贯彻落实国家碳达峰、碳中和重大决策部署。

交易所市场方面，为贯彻落实中央关于巩固拓展脱贫攻坚成果同乡村振兴有效衔接的部署，上交所和深交所也推出了乡村振兴专项公司债。2021年，上交所共发行乡村振兴债48亿元；截至2021年底，深交所共发行乡村振兴债13亿元。

2. 创新推出革命老区振兴发展债务融资工具，助力革命老区高质量发展

为贯彻落实党中央、国务院关于振兴发展革命老区、逐步实现共同富裕有关政策要求，发挥债务融资工具市场优势支持革命老区直接融资，交易商协会于2021年8月推出革命老区债务融资工具，募集资金用于支持革命老区建设发展，为革命老区实体经济注入更多资金活水。2021年8月，山东高速成功发行登记全国首单革命老区债务融资工具，募集资金用于沂蒙革命老区振兴发展，大大提升革命老区的交通便利性，对支持区域实体经济发展具有积极意义。截至2021年底，共有21家企业发行革命老区债294亿元，其中用于革命老区振兴发展金额121亿元，对应支持赣闽粤原中央苏区、陕甘宁、川陕、左右江、大别山、沂蒙、太行和湘赣边8个革命老区。

（三）优化升级债务融资工具，服务民营、小微、高成长企业融资

1. 持续发挥“第二支箭”对民营企业发债引领作用

交易商协会组织中债增进公司为民营企业债券融资提供精准支持，持续优化支持工具机制。2021年共支持民营企业债券融资758.8亿元，融资规模为2020年的1.4倍。截至2021年底，已累计支持113家民营企业发行1 868.8亿元债务融资工具。

2. 大力推动资产支持商业票据（ABCP）发展，提升小微企业融资针对性和精准度

截至2021年底，累计发行ABCP1 912.42亿

元，其中2021年发行1 456.59亿元，同比增长219.55%。持续推动供应链核心企业和租赁公司等主体通过发行ABCP、以“核心带小微”方式间接支持小微企业融资，助力小微企业融资量增、面扩、价降，累计支持小微企业融资超2 000家，ABCP服务金融普惠功能凸显。

3. 推出高成长型企业债务融资工具等支持创新型企业

为积极落实“十四五”规划关于科技创新相关政策精神，交易商协会于2021年3月创新推出科技创新主题下的高成长型企业债务融资工具（以下简称高成长债）。截至2021年底，银行间市场累计发行高成长债21期，金额合计153.80亿元。全部19家发行人中有15家民营企业，发行规模占比高达88.75%，涉及集成电路、半导体、通信、电气设备、工程机械、智能家居、生物、医药、化学纤维制造和能源10个行业领域，覆盖上海、四川和江苏等全国12个省份。2021年，沪深交易所在双创债框架下，推出科技创新债发行试点，进一步聚焦科技创新引领作用，全年共支持发行科技创新债166.6亿元。

4. 债权融资计划产品服务实体经济质效进一步提升

2021年，北金所挂牌债权融资计划1 393笔，挂牌金额5 034.13亿元，服务实体经济质效进一步提升。一是金融普惠性持续提升，全年累计服务76家民营企业，融资金额646.21亿元，占总挂牌金额的12.84%，较2020年提高3.74个百分点；二是创新推出“供应链债权融资计划”产品，全年储架备案金额130亿元，涉及挂牌资产269笔、合计金额1.43亿元，惠及工业电商、电器制造、交运物流和工程建筑等产业链上下游上千家中小企业。

（四）资产证券化产品创新力度大

2021年，多只首单资产证券化创新产品落地。在银行间市场，4月“新希望（天津）商业保理有限公司2021年度普惠1号第一期定向资产支持商业票据（乡村振兴）”等首批两单乡村振兴ABCP发行，通过基础资产惠及约2 000家农牧个体户和经销商；6月发行的“山河智能装备股份有限公司2021年度第一期资产支持票据（高成长债）”是首单“高成长”ABN；10月发行的“国家电投集团广东电力有限公司2021年度第一期绿色定向资产支持票据（类REITs）”是银行间首单类REITs产品。在交易所市场，基础设施公募REITs成功发行上市，首批9只基础设施公募REITs产品于2021年6月正式上市，全年共有11只基础设施公募REITs产品上市，合计融资364.13亿元。此外，多只创新绿色ABS和知识产权ABS发行。3月发行的“国网国际融资租赁有限公司2021年度第一期绿色定向资产支持商业票据”和“龙源电力可再生能源电价附加补贴2期绿色资产支持专项计划”分别成为首单碳中和资产支持票据和首单交易所碳中和资产支持证券；1月发行的“业达智融—烟台开发区知识产权（人力资本）资产支持专项计划”和“福田区—平安证券—高新投知识产权2号资产支持专项计划（战略新兴）”分别是国内首单人力资本资产支持专项计划和首单战略性新兴产业专项知识产权ABS产品，12月发行的“宝安区—平安证券—高新投知识产权5号资产支持专项计划（专精特新专场）”是全国首单专项支持“专精特新”企业的知识产权ABS。

（五）债券担保品运用领域扩大

1. 支持多项创新货币政策工具落地

2021年7月，中央结算公司根据《中国人民银行办公厅关于做好中小金融机构常备借贷便利业务券款对付结算的通知》（银办发〔2021〕63号）要求，支持中小金融机构参与常备借贷便利业务实现券款对付（DVP）结算，进一步提高货币政策操作的安全性和便利性，保障中小金融机构顺畅获取短期流动性支持；12月，中央结算公司为人民银行首单碳减排支持工具和煤炭专项再贷款业务落地提供债券担保品管理服务，支持清洁能源、节能环保和碳减排技术等重点领域发展，助力实现碳达峰、碳中和目标。

2. 市场化应用产品持续创新发展

2021年，上海清算所拓展担保品管理市场化服务场景，落地上海清算所首单同业授信、首单同业存款担保品管理业务，助力提升商业银行同业业务风险管理能力；落地全市场首单债券充抵双边清算场外衍生品交易保证金担保品管理服务，为衍生品市场稳健发展提供支持。2021年，中央结算公司升级推出通用式担保品管理服务，扩大外币市场融资交易的债券担保品范围，全年支持同业授信、协议存款质押、债券充抵期货保证金等业务质押债券担保品2 476亿元，助力健全金融市场风险管控体系；同时，中央结算公司不断加强产品创新和机制建设，先后推出外币回购业务和上线上海国际能源交易中心国债充抵期货保证金业务等。

3. 跨境运用探索取得创新突破

2021年，债券担保品跨境运用探索取得新突破。在财政部开展国际投融资等资金管理业务中，使用人民币债券支持国际金融组织贷款投放；境外央行运用境内债券担保品开展货币互换业务；首单人民币合格境外机构投资者（RQFII）参与的债券作为期货保证金业务落地。随着中国债券市场深化开发，人民币债券资产国际认可度不断提升，2021年3月，中央结算公司与国际掉期与衍生工具协会（ISDA）联合发布《使用人民币债券充抵场外衍生品交易保证金》白皮书，为人民币债券资产的跨境应用带来新思路。

四、市场建设

（一）进一步加强债券发行市场管理

1. 推出电子化承分销服务

债券一级市场发行规范进一步提升。2021年6月，外汇交易中心发布《全国银行间同业拆借中心本币市场承分销交易操作规程（试行）》，支持承销商为多类型债券提供承分销服务，并提供标准化分销凭证。债券承分销全流程服务通过集中化管理和标准化电子凭证，可以降低操作风险和节省人力成本，并且全流程留痕可查，支持开展事中事后监测。截至2021年末，共计143家机构参与承分销业务，共完成债券认购、分销2 145笔。

2. 进一步规范承销报价，强化发行业务自律管理

为进一步鼓励和保障市场公平、正当竞争，规范主承销商展业，2021年8月，交易商协会发布《关于进一步加强债务融资工具承销报价规范的通知》，明确建立债务融资工具承销费率报备机制，要求承销商统一发行后报备债务融资工具承销费率情况。承销费率报备机制进一步完善了银行间债券市场承

销自律管理框架体系，提升了市场机构承销展业纪律意识和合规意识，推动市场公平有序竞争。

3. 推动银行间企业资产证券化市场制度机制建设

2021年1月，交易商协会发布了《非金融企业资产支持票据业务尽职调查指引（试行）》。试行期间，主承销商和特定目的载体管理机构应参照指引要求，对拟注册发行ABN的参与机构以及基础资产开展尽职调查，以切实加强市场自律管理，推动形成良好市场生态，促进ABN市场持续健康发展；12月，按照“标准化、透明化、规范化”原则，交易商协会发布了《ABCP信托合同（参考文本）（2021版）》、《ABCP主定义表（参考文本）（2021版）》和《ABCP募集说明书（参考文本）（2021版）》三项参考文本，供各市场机构参考使用，推动市场高标准、高质量发展。

4. 交易所债券市场注册制改革持续推进

2021年5月，沪深交易所就《公司债券发行上市审核规则》、《公司债券上市规则》、《非公开发行公司债券挂牌转让规则》和《债券市场投资者适当性管理办法》向社会公开征求意见。此次相关规则的征求意见稿完善了公司债券注册制配套制度建设，在公司债券制度实施标准和规范方面进一步体现了简明友好的自律规则特征，在公司债券市场建设方面重点考虑了市场内生机制并且充分发挥自治约束作用，着重强调了公司债券市场日常监管和市场秩序维护等方面的内容。

5. 基础设施公募REITs配套规则体系不断完善

2021年1月，为完善基础设施公募REITs配套规则体系，按照中国证监会的整体工作部署，沪深交易所制定发布三项主要业务规则，分别为《公开募集基础设施证券投资基金（REITs）业务办法（试行）》、《公开募集基础设施证券投资基金（REITs）规则适用指引第1号——审核关注事项（试行）》和《公开募集基础设施证券投资基金（REITs）规则适用指引第2号——发售业务（试行）》，以保障试点工作有序开展。上述三项规则主要明确了基础设施公募REITs的业务流程、审查标准和发售流程，标志着交易所市场推进基础设施公募REITs试点工作取得阶段性进展；6月，为规范公开募集基础设施证券投资基金存续业务，便利基金管理人等市场参与人开展相关业务操作，沪深交易所制定发布存续期业务管理指南，明确了交易机制、融资业务及信息披露等相关安排。

6. 地方政府债券柜台发行向全国推开

根据财政部《关于进一步做好地方政府债券柜台发行工作的通知》（财库〔2020〕49号）要求，2021年，中央结算公司共支持36个地方政府通过柜台发行债券48只，金额合计212.99亿元，中小机构、个人投资者认购占比分别为45%和55%，地方政府债券投资主体多元化水平进一步提升。各地积极探索推出柜台发行主题专项债券，募集资金主要投向交通基础设施、生态环保、医疗卫生、农林水利等领域，有力推动了地方民生保障和市政建设工作，激发了社会投资活力，吸引广大人民群众共同参与地方建设，共享改革发展成果。

7. 持续优化地方政府债券期限结构

根据财政部《关于进一步做好地方政府债券发行工作的意见》（财库〔2020〕36号）有关规定，2021年，地方政府债券发行期限结构持续优化，超长期地方政府债券发行规模占比有所下降。全年地方政府债券加权平均发行期限为11.95年，较2020年（14.65年）缩短2.7年。其中，新增债券加权平均发行期限为14.56年，再融资债券加权平均发行期限为8.3年，较2020年分别缩短0.88年和4.44年。10年期以上超长期限债券共发行4.64万亿元，占比约为62%，较2020年下降近15个百分点。同时，中央结算公司对37个地方政府债券发行人进行了成本风险度量，设计形成最优期限结构方案，助力提升发行期限安排的科学性，避免集中付息对财政造成过大压力，推动各地方财政筹资长期平稳进行。

（二）持续完善债券交易市场管理

1. 做市商新规正式实施

2021年1月，为落实国务院关于取消双边报价商行政许可相关政策精神，根据人民银行公告〔2020〕第21号，交易商协会发布《银行间债券市场现券做市业务自律指引》及《银行间债券市场现券做市业务评价指标》，并于4月1日起正式施行。做市自律指引注重“加强行业自律管理”，评价指标注重“以市场需求为导向”。两项制度文件的出台，加强了对做市业务的事中事后管理，有利于促进做市业务在新管理模式下的高质量发展。在2020年底外汇交易中心发布《银行间债券市场现券做市商业务操作指引》后，新老转换顺利完成，新增10家做市商。同时，外汇交易中心还进一步优化完善交易系统，推进电子化交易基础设施功能建设，上线做市报价合规监控等功能，支持做市机构高质高效开展做市业务。交易所市场方面，沪深交所于2021年4月就《债券交易业务指引第3号——债券做市》公开征求意见，拟建立交易所市场债券做市制度，进一步提升债券二级市场流动性。

2. 进一步便利债券上市交易流通服务

2021年4月，中国人民银行公告〔2021〕第4号发布，调整银行间债券市场债券交易流通有关管理政策，要求中央结算公司和上海清算所应与同业拆借中心建立系统直连，在债券登记当日以电子化方式交互传输债券交易流通要素信息。同业拆借中心收到完整的债券交易流通要素信息后，应在一个工作日内按照公告要求做好债券交易流通服务准备。

3. 扩大做市支持标的

为贯彻落实党中央关于“健全反映市场供求关系的国债收益率曲线”精神，2021年继续扩大债券市场做市支持标的，助力提升国债二级市场流动性和促进一级、二级市场的协调发展。2021年，国开债做市支持服务首次对境外需求开展随卖操作，口行债做市支持服务成功推出并于6月开展第一次操作、11月起开展常态化操作，有效提升存量债券活跃度。

4. 持续优化交易所市场债券交易规则

2021年4月，上交所就《上海证券交易所债券交易规则》及三个配套适用指引公开征求意见。此次起草的债券交易规则及配套适用指引，遵循债券市场客观规律，充分体现债券交易以机构投资者为主、大额低频的特点，旨在打造相对独立、更加体现债券市场特点的债券交易规则体系。同月，深交所就《深圳证券交易所债券交易规则》及三个配套指引公开征求意见。交易规则及配套指引对深市债券交易进行多层次、全方位优化安排，拓宽参与主体，建立债券交易参与人制

度，丰富交易安排，规范交易申报要素，以及优化风险管理机制。

5. 推进交易所债券交易系统“股债分离”

2021年12月，上交所新债券集中竞价交易平台正式上线，债券现券竞价交易和质押式回购交易顺利由原竞价撮合平台迁移至新平台。前期，5月债券非交易业务迁移至综合业务平台，10月债券大宗交易迁移至固定收益平台，迁移后业务平稳运行。至此，上交所股票和债券交易系统实现了相互独立，沪市债券集中竞价交易、协议类交易、质押式回购交易等业务均在新债券交易系统独立运行，顺利完成交易系统“股债分离”。深交所同年对外发布债券交易规则实施的技术准备通知，部署“股债分离”系统改造。

6. 发布银行间市场交易即时通信工具使用规范

2021年12月，为加强交易行为规范，交易商协会发布《关于规范银行间市场交易即时通讯工具使用有关事项的通知》（中市协发〔2021〕222号，以下简称《通知》）。《通知》借鉴国内外市场制度经验，聚焦交易沟通询价环节，要求市场机构使用具有实名认证、权限管理、信息留痕及记录保存等功能的即时通信工具规范开展债券及衍生品等交易业务，并对机构及人员使用即时通信工具的行为，特别是群组沟通管理提出要求。《通知》设置1年过渡期，有序引导市场机构规范行为。同时，明确为市场提供通信工具服务的运营商应配合自律管理。《通知》旨在解决使用个人通信工具沟通交易造成的不规范问题，关系到二级市场全部参与主体的日常交易行为，有利于维护银行间市场交易秩序。

（三）继续加强债券市场存续期管理

1. 加强地方政府专项债券项目资金绩效管理

2021年6月，财政部印发《地方政府专项债券项目资金绩效管理办法》（以下简称《办法》），要求各地根据“科学规范、协同配合、公开透明、强化运用”原则，通过事前绩效评估、绩效目标管理、绩效运行监控、绩效评价管理、评价结果运用等环节，实现专项债券项目资金全生命周期绩效管理。《办法》明确，按照评价与结果应用主体相统一的原则，财政部在分配新增地方政府专项债务限额时，将绩效评价结果和抽查结果等作为分配调整因素；省级财政部门在分配专项债务限额时，将抽查情况及开展的重点绩效评价结果等作为分配调整因素；地方财政部门将绩效评价结果作为项目建设期专项债券额度及运营期财政补助资金分配的调整因素。《办法》旨在推动主管部门和项目单位切实履行责任，提升债券资金的配置效率和使用效益，防范地方政府债务风险。

2. 进一步强化公司信用类债券存续期管理

2021年3月，国务院国资委印发《关于加强地方国有企业债务风险管控工作的指导意见》，要求建立债券全生命周期管理机制；4月，交易商协会发布《银行间债券市场非金融企业债务融资工具存续期风险管理工作指南》，进一步规范银行间债券市场非金融企业债务融资工具存续期信用风险管理工作；12月，发展改革委发布《关于开展2022年度企业债券本息兑付风险排查和存续期监管有关工作的通知》（发改办财金〔2021〕1035号），要求相关单位对已发行企业债券情况开展排查和专项检查，强化债券存续期监督，压实主承销商等中介机构主体责任。

专栏 统筹推进公司信用类债券市场高质量发展

公司信用类债券市场是企业直接融资的重要渠道，在服务实体经济、优化资源配置、支持宏观调控等方面发挥了重要作用。为深入贯彻落实党的十九届五中全会、中央经济工作会议重要精神，完善债券市场法制，建立制度健全、竞争有序、透明开放的多层次债券市场体系，2021年8月，人民银行、发展改革委、财政部、银保监会、证监会和外汇局联合发布《关于推动公司信用类债券市场改革开放高质量发展的指导意见》（以下简称《意见》）。

《意见》共分十二章三十二条，分别从完善法制、推动发行交易管理分类趋同、提升信息披露有效性、强化信用评级机构监管、加强投资者适当性管理、健全定价机制、加强监管和统一执法、统筹宏观管理、推进多层次市场建设、拓展高水平开放十个方面展开，对推动公司信用类债券市场改革开放高质量发展提出了具体意见。

《意见》由多部门协同发力、联合出台，从完善债券市场顶层设计的角度统筹推进公司信用类债券市场改革开放高质量发展，以促进资金等要素在各市场之间自由流动，提高市场运行效率，为实体经济在债券市场融资提供更加优质和便捷的服务，推动直接融资比重上升，支持加快构建以国内大循环为主体、国内国际双循环相互促进的新发展格局。

《意见》发布后，根据总体精神，债券市场各方按职责分工稳步推进落实各项工作，推动公司信用类债券市场持续健康发展，逐步形成制度健全、透明开放的多层次债券市场体系。

（四）加强信息披露制度建设

2020年底，人民银行、发展改革委和证监会联合发布《公司信用类债券信息披露管理办法》（以下简称《管理办法》），自2021年5月1日施行。2021年，交易商协会、上交所、深交所和中央结算公司分别发布细则，推动《管理办法》落到实处。

1. 交易商协会修订相关信息披露规则与表格体系

为贯彻落实《管理办法》及配套制度，规范非金融企业债务融资工具发行人等主体的信息披露行为，提升债券市场投资者保护的透明度，2021年3月，交易商协会修订发布了《银行间市场非金融企业债务融资工具信息披露规则（2021版）》和《银行间市场非金融企业债务融资工具存续期信息披露表格体系（2021版）》，修订了非金融企业债务融资工具发行及存续期的披露要求。本次修订工作，一是强化信息披露主体与人员责任，规范承继方、增进机构的内控机制建设，新增控股股东、实际控制人的配合义务，明确信息披露违规责任；二是完善细化定期报告中非财务信息的披露内容，根据市场形势与监管政策变化调整重大事项披露标准，针对无偿划转、资产重组等事项强化披露，遏制利用关联关系逃废债行为；三是规范违约处置及投资者保护机制的披露要求，并针对破产企业设置差异化披露要求，降低破产成本；四是强化定向发行产品的规则约束，允许定向发行产品约定定期报告披露频次、重大事项类型等内容，提升产品灵活性。

2. 交易所市场持续完善信息披露机制

2021年，沪深交易所分别就起草、修订的《公司债券发行上市审核规则》、《公司债券上市规则》、《非公开发行公司债券挂牌（转让）规则》和《债券市场投资者适当性管理办法》向社会公开征求意见，并发布公司债券信息披露相关规则，如上交所发布《上海证券交易所公司债券自律监管规则适用指引第1号——公司债券持续信息披露》（以下简称《持续信息披露指引》）。

《公司债券发行上市审核规则》重点规范并明确了发行上市审核内容、强化发行上市审核自律监管要求及对发行上市审核工作的监督与约束，有助于建立健全审核机制，提高审核工作透明度。修订的《公司债券上市规则》和《非公开发行公司债券挂牌（转让）规则》进一步优化了公司债券上市及终止上市相关安排和公司债券挂牌转让相关安排，同时围绕强化信息披露要求、夯实专业机构责任、加强交易所自律监管职责等方面完善制度保障，有助于促进注册制下交易所债券市场的平稳健康发展。修订的《债券市场投资者适当性管理办法》主要完善了投资者标准，增加了新业务投资者适当性管理规定并加强了证券经营机构投资者适当性管理责任，有助于进一步加强投资者保护。《持续信息披露指引》是首次由交易所层面对定期报告内容与格式进行自律规范，确立了信息披露基本原则和要求，披露导向上更加侧重偿债能力分析，同时进一步明晰了重大事项披露标准。

3. 企业债券信息披露管理持续优化

为进一步贯彻落实《管理办法》，2021年4月，中央结算公司与交易商协会联合发布《关于企业债券信息披露有关事项的通知》，明确自2021年5月1日起，新申报企业债券应按照《管理办法》规定编制申报材料。

4. 地方政府债全生命周期信息披露体系进一步完善

2021年，财政部进一步强化地方政府债信息披露管理，持续健全信息披露体系。按照财政部工作要求，由中央结算公司建设的地方政府新增专项债券项目信息披露模板信息系统正式启用，通过持续优化信息披露模板，实现了模板生成和信息统计、信息汇总、信息查询等一体化功能，信息报送效率和信息披露的规范化、标准化水平显著提升。同期，中央结算公司上线地方政府债信息披露门户（以下简称信披门户）。信披门户以中国地图形式直观展示了全国各地区地方政府债发行基本情况，并就信息披露文件子标签进行了重新设计，以实现科学分类、集中展示、清晰可循，提升了信息披露界面的友好性，进一步满足了投资者的信息获取需求。

（五）促进信用评级行业高质量发展

1. 取消公司信用类债券强制信用评级要求

2021年2月，证监会发布了修订后的《公司债券发行与交易管理办法》与《证券市场资信评级业务管理办法》，前者取消了公开发行公司债强制评级要求，以及普通投资者参与认购的债券必须达到AAA的规定，后者明确取消注册环节的强制评级要求；3月，交易商协会发布《关于实施债务融资工具取消强制评级有关安排的通知》，明确在前期债务融资工具注册申报环节取消信用评级报告要件要求的基础上，进一步在发行环节取消债项评级强制披露要求，仅保留企业主体评级披露要求；8月，人民银行、发展改革委、财政部、银保监会和证监会联合印发《关于促进债券市场信用评级行业健康发展的通知》，降低监管对外部评级的要求，并且人民银行在随后印发的中国人民银行公告〔2021〕第11号中，试点取消非金融企业债务融资工具发行环节信用评级的要求。

2. 进一步规范地方政府债券信用评级管理

为推动地方政府债券市场健康发展、进一步规范地方政府债券信用评级管理，2021年1月，财政部发布《地方政府债券信用评级管理暂行办法》（财库〔2021〕8号，以下简称《办法》），从市场秩序、业务程序和行业监管等多个维度对地方政府债券信用评级进行全面规范。《办法》指出，地方财政部门选择信用评级机构时，应引导评级机构合理设定评级费用标准；信用评级机构不得通过恶意价格竞争、评级级别竞争等方式干扰市场秩序。信用评级机构应结合一般债券、专项债券的特点，客观公正出具评级意见，评级结果应合理反映项目之间的差异性。地方政府债券信用评级机构应遵守地方政府债券信用评级行业自律规范，积极接受自律管理。财政部将联合监管部门，健全守信联合激励和失信联合惩戒机制，推动地方政府债券信用评级工作协同监管。

（六）健全风险防范和债券违约处置机制

1. 注重事前事中风险防范化解，强化存续期风险管理

为指导存续期管理机构主动开展非金融企业债务融资工具存续期风险管理，2021年4月，交易商协会发布了《银行间债券市场非金融企业债务融资工具存续期风险管理工作指南》（以下简称《工作指南》）。《工作指南》对存续期管理机构开展分类管理、信用风险监测、风险排查与压力测试工作提出详细要求。同时，交易商协会配套发布了《关注池企业分类参考因素》和《风险监测及处置工作台账》两个附件，为存续期管理机构设定关注池企业分类标准和建立风险及违约处置台账、偿付资金安排情况调查表等提供参考。《工作指南》的发布有助于规范银行间债券市场非金融企业债务融资工具存续期信用风险管理工作，强化债券市场风险防范。12月，发展改革委发布《关于开展2022年度企业债券本息兑付风险排查和存续期监管有关工作的通知》，要求相关单位对已发行企业债券全面排查风险，做好风险监测分析和预警。

2. 丰富债券违约及风险处置方式

2021年3月，上海清算所发布《银行间市场清算所股份有限公司债券违约及风险处置操作指引（试行）》，该指引涵盖的变更核心登记要素、以其他形式还本付息注销债券、撤销回售行权申报、发行人破产后注销债券等处置方式，与前期开展的到期违约债券转让结算及试行推出的债券置换和现金要约收购业务等，一同为市场机构提供了多样化、可选择的风险防范和处置工具箱，进一步规范处置流程、提升处置效率；推出到期违约债券转让自动结算服务并发布《关于豁免签署〈到期违约债券转让结算业务承诺函〉相关事宜的通知》，助推到期违约债券市场化定价与估值体系的完善。

（七）推进绿色债券、可持续发展债券等领域制度建设

1. 统一绿色债券目录

2021年4月，人民银行、发展改革委和证监会联合发布《绿色债券支持项目目录（2021 年版）》（以下简称《目录》），并于7月1日起正式实施。《目录》首次统一了绿色债券相关管理部门对绿色项目的界定标准，降低了绿色债券发行、交易和管理成本，提升了绿色债券市场的定价效率；删除了煤炭等化石能源清洁利用高碳排放项目，同时实现了二级和三级目录与国际主流绿色资产分类标准基本一致，推动我国绿色债券市场同国际接轨；增加了绿色农业、绿色建筑等新时期国家重点发展的绿色产业领域类别，有助于推动我国绿色低碳转型发展。此外，《目录》的四级分类与《绿色产业指导目录（2019 年版）》三级分类基本一致，提升了操作便利程度，有利于存量绿色债券的顺利过渡。《目录》的出台进一步规范了国内绿色债券市场的发展，有助于推动国内绿色债券市场进一步扩容。

2. 引导商业银行投资绿色债券

2021年6月，人民银行发布《银行业金融机构绿色金融评价方案》（以下简称《方案》），并于7月1日起正式实施。《方案》进一步拓宽了商业银行考核业务的覆盖范围，将考核内容由绿色贷款业务升级为绿色贷款和绿色债券业务，并为绿色股权投资、绿色租赁、绿色信托和绿色理财等预留了空间。《方案》的实施有助于持续引导银行业金融机构投资绿色债券，推动绿色债券激励机制建设，为绿色债券市场的发展提供新动力。同时，《方案》的实施也将进一步增加相关机构对绿色债券的投资需求，提高市场机构投资绿色债券的积极性。

3. 规范绿色债券评估认证

2021年9月，经人民银行等主管部门备案同意，绿色债券标准委员会（以下简称绿标委）发布一号公告——《〈绿色债券评估认证机构市场化评议操作细则（试行）〉及配套文件的公告》，以提高绿色债券评估认证质量；12月，经人民银行等主管部门备案同意，绿标委审议通过的《中国绿色债券原则》发布工作正式启动，推动绿色债券标准的国内统一，并且与国际接轨。

五、对外开放

（一）持续完善对外开放政策

1. “南向通”业务上线

2021年9月，内地与香港债券市场互联互通南向合作（以下简称“南向通”）正式上

线运行。“南向通”是指内地机构投资者通过内地与香港基础服务机构连接，投资于香港债券市场的机制安排。“南向通”是中央政府支持香港发展、推动内地与香港合作的重要举措，充分体现了中央政府对巩固和提升香港国际金融中心地位的高度重视，体现了中央政府支持香港长期繁荣、稳定、发展的信心和决心。“南向通”的推出，有利于巩固香港连接内地与世界市场的桥头堡与枢纽地位，助力香港融入国家发展大局，有利于完善我国债券市场双向开放的制度安排。上线首个交易日，共有40余家内地机构投资者与11家香港做市商达成了150余笔债券交易，成交金额约合人民币40亿元，涵盖了香港市场的主要债券品种。

2. 境外机构备案主体调整为法人

2021年3月，人民银行上海总部发布相关通知，将境外机构备案主体由产品调整为法人，进一步简化了境外机构的备案流程，大幅提高了入市效率。截至2021年末，已有250家境外机构在新备案模式下完成备案。

（二）市场对外开放力度进一步加大

1. 境外机构参与银行间市场程度不断提高

截至2021年底，共有1 016家境外机构主体进入银行间债券市场，较上年末增加111家。其中，507家通过直接投资渠道入市，728家通过“债券通”渠道入市，219家同时通过两个渠道入市。境外机构在中国债券市场的托管余额为4.1万亿元，占中国债券市场总托管余额的3.1%。其中，境外机构在银行间债券市场的托管余额为4.0万亿元。境外机构交易活跃度进一步提升，全年现券成交量达11.6万亿元，同比增长25.4%，占我国债券市场全部现券成交量的2.7%。

2. 熊猫债市场更加成熟

2021年，熊猫债市场制度规则持续完善，银行间市场目前已形成“两指引、一细则、一表格、一问答”的熊猫债制度规则体系。在此基础上，熊猫债市场规模稳步扩大。截至2021年末，中国债券市场熊猫债存量规模达1 993.1亿元，熊猫债累计发行5 457.5亿元。2021年，亚洲开发银行时隔12年重返银行间债券市场发行熊猫债，优质境外发行人不断增多。同时，熊猫债市场创新不断推进。银行间市场创新推出首单非金融企业可持续发展债券、国际开发机构可持续发展目标（SDG）债券、外国政府类绿色熊猫债，首批多品种统一注册（DFI）模式下熊猫债，试点熊猫债在中华（澳门）金融资产股份有限公司挂牌。

专栏　熊猫债市场试点推出社会责任债券和可持续发展债券

为深入贯彻落实党中央、国务院关于“推动高质量发展”“积极落实联合国2030年可持续发展议程”等政策精神，在人民银行指导下，交易商协会于2021年11月发布了《关于试点开展社会责任债券和可持续发展债券业务的问答》（以下简称《问答》），推出社会责任债券和可持续发展债券，针对境外发行人开展业务试点。

国际上，可持续发展主题债券包含绿色债券(Green Bond)、社会责任债券(Social Bond)和可持续发展债券(Sustainability Bond)，合称GSS债券。社会责任债券指募集资金全部用于社会责任项目的债券，可持续发展债券指募集资金全部用于绿色项目和社会责任项目的债券。此次试点填补了我国在社会责任债券和可持续发展债券方面的空白。《问答》明确了社会责任债券和可持续发展债券的“四大支柱”核心机制：一是募集资金使用方面，应全部用于合格的社会责任项目（可持续发展债券资金用途为社会责任项目和绿色项目）；二是项目评估和遴选方面，发行人应建立并披露社会责任项目的遴选标准和流程；三是募集资金管理方面，发行人应确保募集资金专项用于合格项目，鼓励开设监管账户；四是信息披露方面，在债券存续期应按年度披露募集资金使用和社会责任项目情况。此外，《问答》还鼓励发行人聘请外部评估机构在发行前和存续期开展评估认证。

2021年11月，远东宏信有限公司发行国内债券市场首单可持续发展债券，募集资金用于支持污水处理、智能公交、新能源车采购、健康养老等项目，具有显著的环境效益和社会效益。

3. 中国国债正式纳入富时罗素指数

2021年10月，中国国债正式纳入富时世界国债指数，纳入过程将分步骤在36个月内完成。中国债券此前已纳入彭博巴克莱全球综合指数、摩根大通全球新兴市场政府债券指数。至此，中国债券被全球三大主流债券指数纳入，这反映了国际投资者对于中国经济长期健康发展、金融持续扩大开放的信心。

4. 中国地方政府债首次实现境外发行

2021年10月，广东省政府、深圳市政府分别赴澳门、香港成功发行离岸人民币地方政府债。其中，广东省发行离岸地方政府债22亿元，均为3年期一般债券；深圳市发行离岸地方政府债50亿元，品种覆盖2年期一般债券和3年期、5年期专项债券，部分为绿色债券。来自港澳等境外机构投资者认购踊跃，债券筹集资金将用于教育、科技、农业等国家重点支持领域项目建设。首批离岸地方政府债的发行开辟了地方政府发债融资新渠道，对于助力粤港澳大湾区建设、构建新发展格局、推动人民币国际化进程具有积极意义。

专栏 MarketAxess成为第三家境外交易平台

2021年9月，为进一步便利境外机构投资银行间债券市场、拓宽境外机构交易渠道，在人民银行的指导下，外汇交易中心新增接入MarketAxess作为境外第三方交易平台，同时支持直投模式和“债券通”两个渠道。

MarketAxess是全球领先的固定收益电子交易平台，此次作为“债券通”和直投模式下接入的第三家境外交易平台，支持境外投资者通过其与外汇交易中心连接，直接与境内做市机构开展RFQ询价交易，同时支持“债券通”渠道下的国际付费模式。

自2017年以来，外汇交易中心已在“债券通”和直投模式下引入了Tradeweb、彭博和MarketAxess三家境外交易平台，支持境外投资者通过境外交易平台一点接入，直接与境内做市机构在外汇交易中心系统达成交易，显著提升境外机构的交易便利性，对满足境外机构投资人民币债券需求、促进银行间债券市场高质量对外开放等方面起到了积极作用。

六、发展展望

2022年，中国债券市场将进一步加强体制机制建设和产品创新，不断提升债券市场服务实体经济质效，按照市场化、法治化和国际化原则，持续推进开放发展。一是加快完善债券市场法制建设，持续优化债券市场制度环境；二是进一步规范债券市场发展，扎实做好债券市场违约风险防范和化解工作；三是继续加大产品创新力度，积极发挥债券市场对实体经济特别是绿色低碳发展、科技创新、民营和小微企业的支持作用；四是加大力度推进境内外债券市场互联互通，为境内外投资者持续提供便利；五是持续优化完善债券市场管理制度，推动债券市场高水平对外开放。

专题三　落实做市商制度改革，推动债券市场更高质量发展

2021年，在人民银行的指导下，外汇交易中心持续推进落实银行间债券市场做市商制度改革，为做市业务提供服务支持和便利。一是做市新规实现平稳过渡。根据人民银行“以市场化原则改革做市商制度”部署，制定发布相关操作指引，组织83家存量做市商以及10家增量做市商做好沟通交流、做市协议签署、业务指导等工作，并且及时监测做市运行情况。二是加大市场宣传力度，提升做市商自主报价意愿，提升债券定价能力，积极引导金融机构通过电子化平台直接达成交易。三是进一步完善交易系统，大力支持做市商通过接口开展自动化报价，推动自动化业务有序发展。

自改革以来，做市报价活跃度明显提升，做市成交笔数显著增加。从做市报价看，2021年做市报价笔数为上年的近5倍，达3 828万笔；日均报价债券4 698只，涵盖国债、政策性银行债、地方政府债、商业银行普通金融债和公司信用债等多种债券类型，提升多债券品种的价格发现能力。从报价价差看，各类型双边报价价差均明显收窄，第四季度利率债、公司信用债价差较改革前分别收窄13个和39个基点，活跃券报价价差维持在0.5个基点以内；从做市成交看，做市日均成交笔数和交易量分别为3 511笔和925亿元，同比分别增加104%和1%。

第五章 股票市场

2021年，股票市场稳中求进，服务构建新发展格局和高质量发展取得新成效。市场功能有效发挥，融资规模再创新高，科技创新要素集聚，服务实体经济量质双升，全面深化市场改革向纵深推进，全面实行注册制条件逐步具备，上市公司质量有效提升，投资端改革和行业高质量发展迈出实质性步伐，市场双向开放稳步推进，市场结构日益改善，市场活力和韧性显著增强，各类风险持续收敛、总体可控。

一、运行情况

（一）融资与发行情况

2021年，沪深两市融资公司家数及融资规模上升[①]。2021年，沪深两市共1 212家公司进行了包括首次公开发行（IPO）、增发、配股、可转债和可交换债在内的融资活动，同比上升17.56%；融资总规模达18 178.06亿元，较2020年的16 676.54亿元增长9.00%。其中，IPO融资规模扩张，全年共计481家公司进行IPO，同比上升21.46%；IPO融资规模达5 351.44亿元，同比增长13.87%。上市公司全年共计520家公司增发股份，同比增长43.65%；增发规模为9 082.59亿元，同比增长8.89%。

优先股未发行，配股、可转债和可交换债的规模也均缩减。2021年沪深两市无上市公司发行优先股，2020年为8家；7家上市公司进行配股，较2020年的18家大幅下降，配股规模为493.35亿元，同比下降3.82%；127家上市公司发行可转债，同比减少38.35%，发行规模为2 473.85亿元，较2020年的2 475.25亿元略有下降；34家上市公司发行可交换债，同比下降17.07%，发行规模为431.52亿元，同比下降6.19%。

① 本章数据来源于Wind。

图5-1　2016—2021年沪深两市总融资金额

（数据来源：Wind）

（二）交易与持股情况

2021年，沪深两市累计成交257.97万亿元，同比增长24.72%。其中，沪市主板累计成交103.46万亿元，同比增长33.65%；科创板累计成交10.54万亿元，日均成交量达433.84亿元。深市主板累计成交89.64万亿元，同比增长17.68%；创业板累计成交54.33万亿元，同比增长16.41%。2021年，沪市机构交易占比为36.47%，较2020年提高8个百分点，个人投资者交易占比为63.53%，较2020年下降8个百分点；深市机构交易占比为33.55%，较2020年提高7个百分点，个人投资者交易占比为66.45%，较2020年略有下降。

截至2021年底，沪市外资持股占比由2020年末的4.69%小幅回落至4.55%，境内机构持股占比由16.42%升至17.87%，自然人投资者持股占比由22.93%升至24.48%。深市机构持股流通市值20.18万亿元，占比为58.26%；个人投资者持股流通市值14.46万亿元，占比为41.74%。

（三）市场指数与波动性情况

2021年，股票市场总体运行平稳，主

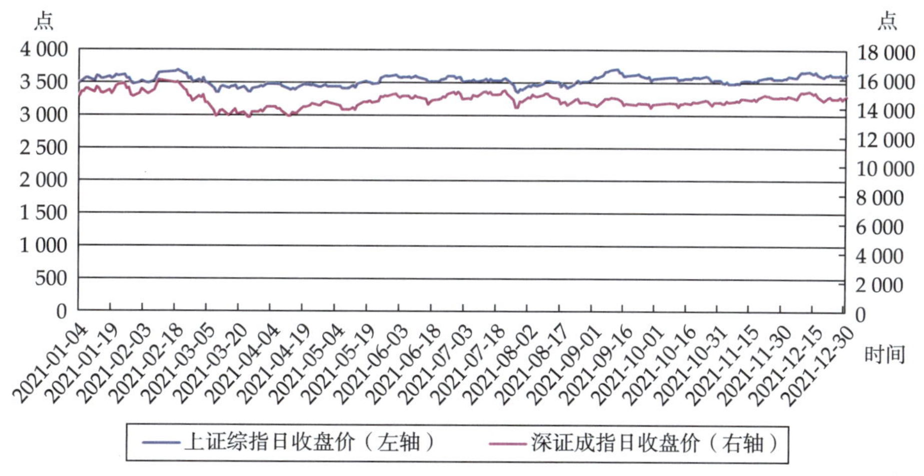

图5-2　2021年沪深两市主板指数走势

（数据来源：Wind）

要股指稳中有升。其中，上证综指、深证成指、创业板指均三年连涨，2021年涨幅分别为4.80%、2.67%和12.02%。

2021年，沪市指数波动幅度继续减少，深市指数波动幅度创历史新低。其中，上证综指振幅为12.65%，较2020年下降19个百分点，涨跌幅超过1%的天数为57天，较2020年减少21天。深证成指振幅为22.95%，为2005年以来最低水平，涨跌幅超过1%的天数为90天，较2020年减少21天。创业板指振幅为37.34%，为2005年以来次低水平（2017年最低，为21.47%），涨跌幅超过1%的天数为123天，较2020年减少19天。

二、主要特点

（一）融资结构持续优化，服务科技创新战略

2021年，沪市完成IPO249家，较2020年增加16家，合计募集资金3 654亿元，同比增长5%。其中，科创板公司162家，筹资2 029亿元，占首发筹资总额的56%，包括55家新一代信息技术企业、36家生物医药企业、33家高端装备企业、18家节能环保企业、13家新材料企业和7家新能源企业。其中，9家为上市时未盈利企业，2家为红筹企业，2家为特殊股权架构企业，上市包容性持续提升，有力促进创新资本形成。深市完成IPO232家，较2020年增加71家，合计募集资金1 697亿元，同比增长34%。其中，创业板公司199家，筹资1 475亿元，占首发筹资总额的87%。

（二）股票指数震荡上行，成交金额明显增加

上证综指在第一季度达到年内高点3 731.69点，最低为3 312.72点，收于3 639.78点，上涨4.80%，实现连续三年上涨。代表核心大、中、小市值股的上证50指数、上证100指数、上证150指数分别下跌10.06%、上涨18.50%和上涨25.35%。全年深证成指上涨2.67%，创业板指上涨12.02%，连续第三年上涨。深证成指年度振幅为22.95%，为2005年以来最低水平；创业板指振幅为37.34%，为2005年以来次低水平（2017年最低，为21.47%）。

2021年，股票市场成交金额持续放量，破万亿元成为新常态，全年共151个交易日成交破万亿元，占全年交易天数的62%。全年沪深两市累计成交257.97万亿元（日均成交10 616亿元），同比增长24.72%。其中，沪市累计成交114.00万亿元（日均成交4 691亿元），同比增长35.71%；深市累计成交143.97万亿元（日均成交5 925亿元），同比增长17.20%。

（三）行业板块结构分化，新能源产业链走强

新能源和周期板块涨幅领先。国家“双碳”战略下，新能源成为未来能源改革方向，相关板块持续走高，新能源汽车板块全年上涨48.81%，涨幅居前。全球通胀预期上升，大宗商品持续大幅上涨，周期板块表现活跃，有色金属、煤炭、钢铁板块分别上涨40.47%、39.60%和34.06%。

地产、保险表现不佳，食品饮料、医药生物有所回调。房地产板块继续下跌，继2020年下跌10.85%后，2021年再度下跌

11.89%。权益市场走弱及保费收入增速明显放缓拖累业绩，保险板块下跌近40%，非银金融跌幅居前。食品饮料、医药生物2020年涨幅分别为84.97%和51.10%，2021年有所回调，分别下跌6.01%和5.73%。

（四）机构交易占比提升，交易结构持续优化

机构投资者对市场影响力有所提升，自然人交易占比回落。2021年，沪市境内机构交易占比由19.93%大幅提升至26.69%，外资交易占比由2020年末的7.00%升至8.30%，自然人投资者交易占比由71.49%降至63.53%。深市机构交易占比为33.55%，较2020年提高7个百分点，增长26.37%；个人投资者交易占比为66.45%，较2020年略有下降。

（五）北上资金流入大增，转向周期股、科技股

2021年，北上资金每月均保持净买入态势，累计净买入4 321亿元（沪股通、深股通分别净买入1 937亿元、2 384亿元），创历史新高。北上标的共1 485只，总市值75万亿元，2021年以来平均上涨24.83%，涨幅中位数为8.62%。北上资金投资风格持续以“买大”为主，但投资标的有所变化，青睐业绩增速较快的周期板块和成长性较好的科技龙头，抛售贵州茅台、恒瑞医药、中国平安等传统白马股。

（六）基金规模持续增长，REITs市场稳步发展

基金市场日益成为境内投资者重要的金融资产配置场所，财富管理功能日益凸显，基础资产类别覆盖股票、债券、货币、黄金以及境外资产（港股、美股、欧股、原油期货与美元外汇）等。截至2021年底，上交所基金挂牌总数为545只，市值总规模为11 809亿元，较2020年底增长27%，其中ETF市值规模达1.14万亿元，ETF成交规模约15.25万亿元，境内占比均超过八成。深交所ETF挂牌总数为229只，资产规模达2 674亿元，较2020年底增长36%，ETF成交规模达27 445亿元，较2020年底增长16%；LOF挂牌总数为305只，资产规模达511亿元，与上年持平。

REITs市场稳步发展。截至2021年12月底，上交所共有6只基础设施公募REITs产品上市，合计融资199亿元，其中首批5只基础设施公募REITs上市以来交易平稳，日均换手率在1%～2%，市场流动性较好。深交所共有5只公募基础设施REITs上市交易，募集规模合计165.01亿元，底层项目主要位于京津冀、粤港澳、长江经济带等重点区域，项目类型涉及垃圾处理和生物质发电、产业园区、收费公路、仓储物流等基础设施。北京金融资产交易所稳步开展住房租赁企业股权交易服务，在现有法律政策体系下，引导参与服务的企业参照国际通行的REITs规则投资运营租赁住房，实现住房租赁企业直接融资，推动专业化、机构化住房租赁企业加快发展。2021年，北京金融资产交易所住房租赁企业股权交易服务共服务住房租赁企业7家，登记注册金额约57亿元。

三、改革与创新

（一）巩固深化注册制改革成果

一是防止资本无序扩张。准确把握注册制改革“三原则”，妥善处理“六个方面

关系”，坚守科创板和创业板定位，强化受理环节把关作用，严格落实国家产业政策，对特定行业企业及敏感企业全过程严格把关。二是及时评估完善制度规则。对注册制主要制度运行情况进行全面评估总结，提出优化建议；完善信息披露制度，规范上市公司定期报告编制及信息披露行为；评估完善注册制发行承销机制，修订发布业务实施办法规则，持续跟踪新规落地后实施效果；建立新三板挂牌公司转板上市机制，推动转板企业申报。三是强化审核机制建设，提升审核工作质效。制定上市审核业务指南，修订受理、审核关注要点；优化上市委员会结构，强化上市委独立性；完善并购重组审核机制，组建科创板和创业板并购重组委；制定发行上市防火墙管理规定，完善部门隔离机制；建立上市申报和审核业务咨询沟通机制；公布审核问答，编发审核动态，加大审核标准、情况公开力度；强化精准问询、持续问询；突出审核问询的重大性和针对性。四是树立监管导向，压严压实市场主体责任。进一步明确中介机构信息核查要求，发布现场督导业务指引，引导中介机构提高执业质量，严格依规惩戒中介机构违规行为。

（二）设立北京证券交易所

2021年9月2日，国家主席习近平在2021年中国国际服务贸易交易会全球服务贸易峰会上的致辞中宣布：“我们将继续支持中小企业创新发展，深化新三板改革，设立北京证券交易所，打造服务创新型中小企业主阵地。”9月3日，北京证券交易所（以下简称北交所）注册成立，是经国务院批准设立的我国第一家公司制证券交易所。11月15日，北交所正式开市，81家中小企业成为首批上市公司。北交所的设立，是对资本市场更好服务构建新发展格局、推动高质量发展作出的新的重大战略部署，是实施国家创新驱动发展战略、持续培育发展新动能的重要举措，也是深化金融供给侧结构性改革、完善多层次资本市场体系的重要内容，对于更好发挥资本市场功能作用、促进科技与资本融合、支持中小企业创新发展具有重要意义。截至2021年底，北交所上市公司82家，总市值为2 722.75亿元。2021年，股票发行次数为41次，融资金额达75.22亿元；成交金额为1 609.80亿元，换手率为206.50%，整体市盈率为46.66倍①。

（三）完成深市主板与中小板合并

2021年2月5日，经中国证监会批准，深交所启动合并主板与中小板（以下简称两板合并）相关准备工作。在中国证监会统筹指导下，深交所与市场各方一道，按照“两个统一、四个不变”的总体思路，组织整合相关业务规则和监管运行模式，推动完成相关指数及基金产品适应性调整，顺利实施技术系统改造，平稳推进发行上市安排，于4月6日正式实施两板合并。本次合并是全面深化资本市场改革的一项重要举措。合并后，深交所将形成以主板、创业板为主体的市场格局，结构更简洁、特色更鲜明、定位更清

① 数据来源：北京证券交易所发布的《北京证券交易所2021年市场统计快报》。发行、交易数据包含1月1日至11月12日精选层公司数据。11月15日至12月31日，共11家公司公开发行进入北交所，融资金额为75.22亿元；上市公司累计成交37.45亿股、667.17亿元。

晰，深市主板定位于支持相对成熟的企业融资发展、做优做强，创业板主要服务于成长性创新创业企业，突出“三创”“四新”，将为处在不同发展阶段、不同类型的企业提供融资服务，进一步提高资本市场服务实体经济能力。本次合并有利于厘清不同板块的功能定位，夯实市场基础，提升市场质效，从总体上提升资本市场的活力和韧性；有利于进一步突出创业板市场定位，深入贯彻创新驱动发展战略；有利于充分发挥深市市场功能，促进完善资本要素市场化配置体制机制，更好服务粤港澳大湾区、中国特色社会主义先行示范区建设和国家战略发展全局。两板合并对于完善市场功能、夯实市场基础、提升市场活力和韧性、促进资本要素市场化配置、更好服务国家战略发展全局具有重要意义。

（四）完善科技创新服务机制

2021年，上交所和深交所不断推进产品市场建设和体制机制创新，提升技术自主创新和保障能力，为服务国家创新驱动发展战略提供重要支撑。一是丰富科技创新企业融资渠道，推出科技创新债，推动知识产权证券化产品可复制、规模化发展，完善科融通平台功能，推动“科技—产业—金融”高水平循环。二是进一步健全科创属性评价指标体系，强化科创属性持续监管，建立转板上市监管衔接机制，推动转板企业申报。三是深化与工信部、科技部等部委的合作，健全完善科技创新服务体系，积极对接支持新一代信息技术、生物医药、绿色能源等重点行业企业，服务国家创新驱动发展战略。四是建立更为清晰、简明的业务指南体系，为推动科技创新企业股权融资提供有力支持。五是加大并购重组支持力度，支持主板企业向科技创新领域转型升级。六是持续推出科创指数，大力推动科创企业纳入国际主流指数，并持续丰富科创ETF产品链。

（五）多措并举推动提高上市公司质量

一是不断推动完善上市公司治理。沪深交易所修订完善股票上市规则，强化公司治理要求，进一步压实中介机构责任；持续加大“关键少数”培训力度；以业绩说明会等活动为抓手，搭建上市公司董事会与投资者直接沟通的渠道，进一步规范公司治理。二是着力推动劣质资产加快出清，确保实现“退得下”“退得稳”。严格执行退市新规，持续完善退市机制，切实强化退市监管，畅通多元化退出渠道，支持上市公司通过并购重组、破产重整等多元化方式出清风险。三是发挥信息披露监管在防范市场风险中的作用。提高信息披露质量，加强风险研判，提前预判重大风险事件，协同有关方面平稳推进风险处置。四是落实服务国企改革三年行动方案的专项举措，支持国企做优做大做强。沪市23家国企通过资产重组实现整体上市或业务整合，20家国企通过股权重组完成混合所有制改革；深市国企通过改制上市、再融资等方式筹集中长期发展资金，灵活运用各类固定收益及资产支持证券产品，积极参与基础设施公募REITs试点，推进产权、资本、技术等要素市场化配置。五是积极推动各方形成提高上市公司质量的合力。努力发挥好信息枢纽功能，加强与地方政府、国资管理部门的沟通协作，建立与国资管理部门和各派出机构的信息共享平台，推动各方形成工作合力。

（六）持续健全退市机制

一是落实落细退市规则，完善退市指标，细化执行标准。2021年，上交所发布《上海证券交易所上市公司自律监管指南第2号——业务办理》第七号、《上海证券交易所科创板上市公司自律监管指南》第九号，精准打击空壳公司，并强化了审计机构核查要求。深交所于2021年4月发布《关于退市新规下营业收入扣除事项的通知》，以更好地指导实践；于11月19日发布《上市公司业务办理指南第12号——营业收入扣除相关事项》《创业板上市公司业务办理指南第13号——营业收入扣除相关事项》，细化标准，压实责任，明确预期，完善退市监管。二是依法依规严格执行退市新规。沪深交易所发挥会局所监管合力，建立退市风险日常监控预警、退市决策、退市业务安全运行、退市处置协作等合作机制，保障退市风险平稳处置；在年报披露监管中息披露，公司管理等相关部门通过约谈、年报问询等方式，强化上市公司信息披露责任、压严压实中介机构责任，严厉打击规避退市，保证退市新规执行效果。根据证监会对康得新财务造假等违法行为的行政处罚决定及康得新2015年至2018年财务报表的追溯调整结果，深交所于2021年4月依法依规作出康得新股票终止上市的决定。三是拓宽多元化退出渠道，支持上市公司通过主动退市、并购重组、破产重整等多元化渠道出清风险，并完善相关业务规则。

（七）开启证券纠纷特别代表人诉讼制度

证券纠纷特别代表人诉讼制度，是加强资本市场基础制度建设的重要成果，也是我国民事诉讼制度的重要创新。在资本市场实施证券纠纷特别代表人诉讼，是深入贯彻落实党中央和国务院关于对资本市场违法犯罪行为“零容忍”的精神和要求的重要举措，也是保护投资者特别是中小投资者合法权益、保障资本市场全面深化改革的有力武器，对于维护市场“三公”秩序、促进资本市场高质量发展具有重要意义。我国证券纠纷特别代表人诉讼是符合中国国情、具有中国特色的证券民事诉讼制度，赋予旨在保护投资者合法权益的公益机构诉讼代表人资格，规定了投资者“默示加入、明示退出”的诉讼参加方式，坚持公益化、科技化，提高维权效率，降低维权成本，注重诉讼程序的可防可控，加强多元解纷机制的运用，形成投资者权利保护的立体化格局。康美药业普通代表人诉讼转换为特别代表人诉讼，是我国首单证券纠纷特别代表人诉讼，是资本市场发展历史上的一个标志性事件，无论是对资本市场健康发展，还是对维护投资者合法权益，都具有重要意义并将产生积极深远的影响。

四、风险防范与处置

（一）2021年股票市场的风险事件及处置情况

2021年，各证券交易所认真贯彻落实党中央和国务院关于资本市场重要指示批示精神及重大决策部署，坚决落实“打好防范化解金融风险攻坚战”和“六稳”要求，始终坚持“建制度、不干预、零容忍”工作方针和“四个敬畏、一个合力”监管理念；不

断完善风险防控制度体系，制定发布专项风险管理指引，修订发布相关业务指南，助力化解存量股票质押风险；加强重点风险动态监测，强化上市公司风险监测，加强高风险公司监管，有效压降高风险公司数量；定期开展风险评估，持续提升风险分析、预警、应对能力；持续完善交易实时监测监控指标体系，进一步提高指标适应性、精准性和有效性；完善停牌核查机制，有效冷却市场炒作氛围。整体来看，2021年股票市场未发生重大风险事件，其间虽有一些个股因债券违约、大宗商品上涨等出现异常波动，但并未对股指运行造成影响，市场运行总体平稳有序。

（二）上市公司风险与高比例质押化解情况

2021年，上交所与各地方金融监管局、派出机构强化沟通协作，通过实地走访、召开视频会等方式，深入了解公司诉求和化解难点，积极沟通风险化解事宜；创新高比例质押化解方式，加强与金融机构沟通，从质权方入手加大推动力度；一司一策推动公司化解风险，加强经验总结，提升风险化解能力。2021年12月，深交所制定并发布《深圳证券交易所证券交易业务指引第1号——股票质押式回购交易风险管理》，引导证券公司审慎对高比例质押的上市公司大股东融出资金，对于股东持股高比例质押等高风险情形，要求公司风险管理部门介入进行专项审查，并报经证券公司行使经营管理职权的机构或其授权的由公司高级管理人员参与的跨部门业务决策机构审议同意，推动证券公司内控体系发挥作用。

五、对外开放

（一）优化拓展境内外市场互联互通模式

1. 推动科创板股票纳入沪港通标的和三大主流国际指数

有序扩大标的范围，将属于上证180、上证380指数成分股及A+H股公司的A股的科创板股票正式纳入沪股通股票范围，将科创板A+H股公司对应的H股纳入港股通标的，截至2021年12月31日，共有42只科创板股票纳入沪股通标的。推动科创板股票先后被纳入三大主流国际指数。2021年3月22日，首批11只科创板证券纳入富时全球指数；5月28日，首批5只科创板证券纳入MSCI全球指数；9月20日，首批23只科创板证券纳入标普道琼斯全球指数。

2. 推动互联互通存托凭证项目双向拓展

2021年，沪伦通存托凭证业务进一步拓展，东西向业务分别扩展至包括深交所在内的境内交易所和德国、瑞士等英国以外的其他境外成熟市场。同时，增加融资型中国存托凭证类型，允许境外上市公司在我国发行中国存托凭证募集资金。相关业务规则也一并修订，互联互通机制更为完善和优化。截至2021年底，共有4家沪市上市公司在伦交所发行全球存托凭证（GDR），累计募集资金58.4亿美元。12月24日，沪深交易所启动互联互通存托凭证业务并就配套业务规则公开征求意见。

3. 扩宽ETF互联互通范围

2021年1月25日，深交所与日本交易所集团签署合作谅解备忘录，深化双方在ETF互通、跨境投融资对接服务等领域的合作；4月8日，中日ETF互通第二批产品落地，日本市场首只上证科创板50ETF挂牌上市，双方市场实现ETF产品双向互通，跟踪投资粤港澳大湾区创新100指数、日经225指数的ETF产品分别在东交所、深交所上市；5月11日，上交所与韩国交易所签署更紧密合作谅解备忘录，加强双方在ETF、指数和债券领域的合作，目前中韩ETF互通正稳步推进；6月1日，首对沪港ETF互通产品于上交所与港交所同步上市；12月20日，上交所与韩国交易所合作开发的三条中韩股票市场合编指数正式发布；12月24日，深沪港交易所与中国结算宣布就ETF纳入互联互通标的的整体方案达成共识，并将于6个月之内做好相关的业务和技术准备；12月28日，深交所与新加坡交易所签署关于深新ETF产品互通的合作谅解备忘录，双方将在推动ETF产品互通方面深化合作。

（二）有序推动市场高水平对外开放

1. 积极参与国际组织事务

一是务实参与国际组织相关工作。沪深交易所积极参与国际组织交流、治理和相关规则制定，通过国际证监会组织（IOSCO）、世界交易所联合会（WFE）、联合国可持续交易所倡议（UN SSE）等多边组织平台，宣传我国资本市场经验做法，为全球资本市场治理体制建设提供重要补充。上交所作为WFE董事单位，积极反馈全球资本市场监管改革和业务创新等重要议题，参与全球行业治理；2021年4月参加博鳌亚洲论坛年会金融开放与金融合作分论坛，介绍上交所市场情况以及推动中国与亚洲及全球金融市场互联互通的经验做法，并在年会会刊发表署名文章；积极参与FIX标准制定工作，启动LFIXT国家标准申请工作，LFIXT标准作为FIX系列标准的一部分被正式纳入ISO 3531国际标准。深交所在WFE、IOSCO官网刊物上发表多篇创业板注册制高质量运行、服务低碳可持续发展等主题文章，举办世界投资者周系列活动、为性别平等敲钟活动，为UN SSE气候相关信息披露范例指南提供政策建议。二是响应国际组织倡议。上交所于2021年9月首次联合境内其他6家WFE会员交易所及结算机构，共同举办“提升投资者财经素养”鸣锣仪式，有助于推动投资者教育和投资者保护国际合作、汇聚合力讲好中国资本市场故事、提升中国资本市场国际影响力。三是积极举办国际交流活动。深交所于2021年9月6日至9日，通过线上线下相结合形式成功承办第60届世界交易所联合会会员大会暨年会，全球84家证券交易所、期货交易所、结算机构和金融监管机构高层参加，全方位展现中国经济金融蓬勃活力，务实参与全球行业治理。

2. 多措并举推动共建“一带一路”高质量发展

一是稳步开展境外股权合作，支持“一带一路”沿线资本市场能力建设，积极服务资本市场双向开放。2021年，中欧国际交易所稳健运行，市场交投稳中有进，创新业务研究稳步开展。截至2021年12月底，中欧国际交易所共有40只现货产品挂牌交易，包括1只股票、13只ETF、26只债券类产品。阿斯塔纳国际交易所（AIX）成为世界交易所联合会正式会员，推出首只哈萨克斯坦相关指数产品，全年全市场成交量较上一年上涨5倍。截至2021年12月底，AIX共挂牌138只产品，包括固收类111只、权益类25只、基金类2只，覆盖哈萨克斯坦坚戈、人民币、欧元、美元等计价货币。深交所加强市场建设经验交

流，为孟加拉国达卡交易所、巴基斯坦交易所等开展多轮市场建设、技术业务主题线上培训咨询，支持入股交易所技术系统升级和建设特色市场板块。按期向巴基斯坦交易所交付深交所技术系统并配合相关上线工作，巴基斯坦证券交易所挂牌首家成长企业板公司，市场成交保持活跃。深交所支持达卡交易所于2021年9月正式启动中小企业板，首批6家孟加拉国特色中小企业顺利上市交易，达卡交易所市场交易份额维持孟加拉国国内领先水平。二是上海交易所国际交流合作中心继续保持与“一带一路”相关交易所的沟通交流，并支持其举办推介活动。2021年4月27日，交流中心协助上交所、中国产业海外发展协会举办了阿斯塔纳国际金融中心线上推介活动，来自中金公司、中国建设银行及哈萨克斯坦企业等方面的近70人参会，进一步推动了阿斯塔纳国际交易所的市场建设。三是通过深交所科融通V-Next平台推动“一带一路”跨境投融资对接。深交所V-Next平台通过路演推介、信息展示、培训服务等形式为境内外科创企业提供一站式服务。截至2021年底，跨境服务已覆盖46个国家和地区，跨境合作伙伴数量累计达133家，共举办153场跨境投融资路演活动，服务境外项目1 435个，重点围绕先进制造、科技创新、低碳可持续等主题举办多期跨境路演对接活动，支持境内企业对接东盟等“一带一路”市场优质产业和要素资源。

3. 提升境外投资者服务质效

丰富国际推广服务内容与形式，根据不同服务对象和主题创新开展推介服务，主动拓展与境外机构持续合作和双向信息交换机制，加强政策沟通，稳定市场预期。一是多渠道吸引境外中长期资金入市。上交所成功举办2021年上交所国际投资者大会，面向国际投资者全方位推介上交所市场和沪市公司，共计近2 000人次国际投资者参加；全年围绕科创板开板两周年、指数化投资、股债基衍四大市场等专题举办线上国际推介活动，累计线上参会500人次；搭建国际投资者与公司沟通交流平台，举办沪市公司境外投资者关系管理等培训，累计覆盖沪市公司近200家；做好沪市公司对外宣传，举办国际投资者线上走进沪市主板、科创板公司活动，覆盖52家公司，累计参会约750人次。深交所广泛开展线上路演推介，全年以线上方式为主累计与境外机构开展170批次对接交流，举行16场“一对多”路演和19场“一对一”路演，参与15场境外中介机构、投资机构主题推介活动并发言，与港交所共同开展深港通顺利运行五周年宣传活动；首次主办“全球投资者服务周”活动，向境外投资者介绍股票、债券、基金、指数等深市多产品一站式配置平台及互联互通机制。二是丰富国际投资者投资渠道及方式。上交所推动境外首只上证科创板50ETF在纽交所上市，全年实现上证科创板50ETF在全球7个市场挂牌交易，外资在科创板持股市值和交易金额较2020年显著提升。深交所推动创业板指数ETF首次在纽交所上市，共有9只追踪深市特色指数的基金产品在境外市场挂牌，成为境外投资者配置A股的重要标的。沪深交易所积极推动上市公司纳入MSCI、富时罗素等国际指数，MSCI于2021年10月推出基于沪深港通标的的A股指数——MSCI中国A50互联互通指数。

4. 开展绿色金融国际合作

一是参与全球绿色金融标准制定有关工作。上交所是WFE可持续工作组副主席单位，履职期间联合WFE伦敦办公室共同推动

WFE可持续工作组向IOSCO、气候相关财务信息披露工作组（TCFD）、金融稳定理事会（FSB）等反馈意见，为会员交易所制定ESG指南提供指导；同时，作为UN SSE气候信息披露咨询顾问组成员，分享中国资本市场支持绿色发展经验案例，分享案例成功入选6月UN SSE 正式发布的《气候信息披露指南》及《推动市场积极应对气候变化的行动计划》文件。深交所作为WFE可持续工作组、UN SSE等绿色金融国际组织成员，在课题研究、标准指引、经验借鉴等方面贡献可持续发展的中国方案，作为顾问组成员参与起草UN SSE气候相关信息披露范例指南并持续提供政策建议。二是促进绿色产业跨境投融资对接。上交所举办“对话国际投资者：ESG赋能上市公司”和“走进沪市公司ESG专场”活动，积极推动国际投资者加大沪市ESG投资。深交所在“全球投资者服务周”活动中专设“碳中和”政策解读环节及ESG投资圆桌论坛，分享我国绿色金融发展理念与实践；9月、11月分别举办线上“碳中和路演（低碳材料专场）”“碳中和投后项目专场路演”等活动，促进境内外绿色产业、技术对接与协作。三是加强绿色金融国际宣传。上交所受邀为《联合国气候变化框架公约》缔约方大会第二十六次会议（COP26）录制视频，分享上交所和中国在可持续发展领域的成果；在WFE官网发表《发挥资本市场力量助力碳中和目标》英文署名文章，呼吁全球同业共同关注绿色金融；利用WFE、世界经济论坛、新浪财经等国内外知名平台宣传绿色金融的政策与实践，主题发言、期刊发文共计6篇。深交所通过制作视频节目向世界投资者开展碳达峰碳中和投资者教育宣传；11月发表“绿色金融助推全球经济绿色复苏”主题演讲，与东盟金融机构共同探索绿色金融领域互联互通及跨境合作；12月参加UN SSE等机构主办的可持续证券交易所圆桌论坛，介绍深市绿色发展主要成效，提出境内外交易所、资产管理机构共同运用金融工具助力实现“零碳”承诺的合作主张。

六、发展展望

2022年，A股市场有望延续近年来稳中向好的发展态势，伴随“稳增长”的政策信号和实施力度不断增强，上市公司收入增速恢复和利润扩张及中长期增量资金持续流入将成为股票市场基本面与资金面两大支撑。资本市场将坚持“稳中求进”，把稳增长、防风险放到突出位置，继续全面深化改革开放。一是平稳健康发展，资本市场更有韧性。二是改革深入推进，资本市场更加透明。三是服务经济高质量发展能力不断提升，资本市场更有活力。四是制度型开放稳步推进，资本市场更加开放。五是法治供给持续加强，资本市场更加规范。

专题四　坚守科创板“硬科技”定位，发布科创板上市公司科创属性持续披露指引

2021年6月11日，在中国证监会有关部门的指导下，上交所制定发布了《上海证券交易所科创板上市公司自律监管规则适用指引第3号——科创属性持续披露及相关事项》（以下简称《3号指引》），旨在明确科创板公司上市后科创属性信息披露事项和要求，督促公司坚守科创定位，推动公司高质量发展。

制定《3号指引》是落实习近平总书记关于“设立科创板并试点注册制要坚守定位，提高上市公司质量，支持和鼓励‘硬科技’企业上市，强化信息披露，合理引导预期，加强监管”要求的重要举措。自科创板设立以来，上交所一直高度重视科创板上市公司的科创属性，除在科创板首发上市环节制定、修订《科创属性评价指引（试行）》的配套业务规则，要求公司符合科创属性相关规定外，在持续监管环节，也对科创属性相关事项予以高度关注，以信息披露为抓手，督促科创板上市公司始终坚守科创定位，从而构建了涵盖发行、上市全链条的科创板定位监管体系。

《3号指引》在内容上有以下特点：一是全面规定了科创板上市公司科创属性相关持续信息披露事项和要求。具体包括：督促公司将募集资金投向科技创新领域，对募集资金使用和募投项目进展及变化及时予以披露；督促公司保持研发投入，保障研发项目有序推进，保持核心技术先进性，对研发投入金额、研发投入占营收比例等发生大幅变化的，要求充分说明原因及影响；督促公司维持科研团队稳定，提升研发能力与水平，要求定期披露研发团队变化情况，并根据实际情况持续进行核心技术人员的评估认定。

二是尊重科创板上市公司发展规律，充分考虑企业的不同发展阶段、研发周期及行业特点，结合持续监管基本逻辑，对科创属性指标不作强制要求，但对包括相关指标在内的科创属性相关事项重大变化予以重点关注。一方面，因主营业务做优做强、研发周期变化等引起相关指标正常变化，引导公司充分说明，告知市场真实情况。另一方面，对研发进展、产品商业化确实存在重大风险或重大不确定性的，督促公司及时披露，充分揭示风险。

三是贯彻建设简明、友好规则体系要求，不增加市场主体信息披露成本，并明确了豁免披露、自愿披露安排。近年来，在中国证监会指导下，上交所上市公司监管着力构建以上市规则为中心，规则适用指引、业务指南为补充的持续监管规则体系。《3号指引》落实规则体系建设安排，在基本不增加公司披露成本的基础上，整合细化科创属性相关事项披露要求，方便市场主体理解与适用。同时，《3号指引》还衔接《上海证券交易所科创板股票上市规则》暂缓、豁免披露制度，允许公司暂缓、豁免披露涉及国家秘密、商业秘密的信息，以满足公司实际需求；鼓励公司依法依规自愿披露研发进展等科创属性相关事项，提高信息披露及时性。

下一步，上交所将持续推动科创板上市公司不忘初心、坚守定位，引导科创板上市公司将主要精力、主要资源投入主营业务和科创领域，推动科创板上市公司在努力突破“卡脖子”技术、助力科技自立自强上更进一步。

专题五 创业板改革并试点注册制运行情况

2020年4月27日，中央深改委审议通过《创业板改革并试点注册制总体实施方案》，创业板改革并试点注册制正式启动。8月24日，创业板改革并试点注册制顺利落地。深交所坚持市场化、法治化、国际化方向，坚守创业板定位，把支持科技创新、以创新引领高质量发展摆在突出重要位置，积极服务成长型创新创业企业，全力建设优质创新资本中心和世界一流交易所。创业板注册制实施以来，市场运行总体平稳，主要制度安排经受住了市场初步检验，改革整体效果良好。

一、服务创新驱动发展战略成效明显

创业板坚持服务“三创”“四新”，为高新技术企业、战略性新兴产业企业和成长型创新创业企业利用资本市场提供重要支持，总体上与科创板形成各有侧重、相互补充的发展格局。目前，创业板新一代信息技术、生物医药、新材料、高端装备行业上市公司占比近50%，涌现出一批拥有核心技术、创新能力的优质企业，产业集群效应显著。截至2022年1月末，注册制下创业板新上市公司共276家，IPO合计融资2 327亿元，总市值2.17万亿元，其中超八成为高新技术企业，“专精特新”中小企业40家，创新属性鲜明。其中，125家预告了2021年度业绩，预计平均实现净利润1.89亿元至2.14亿元，高于创业板平均水平；124家预计实现盈利，80家预计净利润实现同比增长，36家预计净利润增幅大于50%，11家预计净利润增幅超过100%，表现出较好的成长性和盈利能力。创业板整体运行平稳，截至2022年1月末，创业板指数上涨14%。日均成交金额为2 600亿元，日均换手率为3.22%。

二、带动资本市场基础制度改革

创业板注册制改革统筹发行承销、上市、交易、持续监管、退市等一系列市场基础制度改革，成效初显。发行承销方面，新股发行定价市场化水平显著提高，发行定价总体审慎，不同企业发行定价出现分化，57%的企业发行市盈率介于20～50倍，超过50倍及低于20倍的占比分别为12%、31%；发行市盈率与所属行业平均市盈率、可比公司平均市盈率、发行人研发投入占比等成明显正相关关系，体现市场博弈结果。交易制度方面，放宽涨跌幅限制，优化盘中临时停牌机制，建立“价格笼子”机制，完善融资融券和转融通机制，市场博弈更加充分，股票定价效率明显提升，新股上市三个交易日后价格基本调整到位，存量股票日均涨跌幅超过10%的占比为2.16%，较改革前的2.86%明显降低。持续监管方面，再融资发行融资效率和市场化水平不断提高。2021年，创业板公司实施完成再融资方案201单，融资金额为2 133.44亿元，数量及金额均再创新高；亏损或盈利较少企业注册生效后发行等待时间更长，定增项目发行折价率出现分化。退市制度方面，两次修订退市制度配套规则，构建常态化退市机制，2020年以来，先后对7家公司作出终止上市决定。

三、推动形成层次清晰、各有特色的深市市场体系

作为创业板改革并试点注册制的重要配套举措，2021年2月5日，经国务院同意，证监会推动启动深市主板与中小板合并相关工作，4月6日两板合并正式落地，时隔21年，深市主板恢复发行上市功能。截至2022年1月末，25家公司成功在主板上市，首发融资200亿元。合并后，深市形成“主板+创业板”的市场体系，层次清晰、各有特色，能够为不同发展阶段、不同类型的企业提供融资服务，进一步提升了深市的活力和韧性，促进完善资本要素市场化配置，助力以创新引领经济高质量发展。

四、推动构建有利于注册制平稳运行的良好生态

2020年以来，新《证券法》、《刑法修正案（十一）》、《关于依法从严打击证券违法活动的意见》先后出台，大幅提高违法违规成本，为注册制改革提供有力的法制保障。最高人民法院、广东省高级人民法院、深圳市中级人民法院就创业板改革并试点注册制分别出台司法保障意见，对相关案件实施集中管辖；发布证券纠纷代表人诉讼司法解释，解决了具有中国特色的证券集体诉讼司法实践操作问题，为注册制改革营造良好法治环境。证券监管部门充分发挥监管职能，在审核注册、发行上市、持续监管等环节强化对中介机构的监管，加强与有关部门、地方政府、执法机关等的沟通协作，依法从严打击证券违法活动。

创业板改革并试点注册制作为资本市场增量改革带动存量改革的关键一步，既有所突破，补齐制度短板，又稳扎稳打，保持制度稳定性、延续性，稳定存量上市公司和投资者预期，维护存量市场健康发展，为全市场推行注册制积累了宝贵经验。

第六章　外汇市场

2021年，人民币汇率延续双向波动态势，人民币对美元汇率双向波动中总体稳定；外汇市场成交量平稳增长，人民币外汇市场交投活跃，外币货币市场交投活跃度继续提升，境内外币对市场流动性进一步聚集；境外机构交易持续活跃。

一、运行情况

（一）人民币汇率延续双向波动态势

2021年，受全球疫情发展及地缘政治风险上升等因素共同影响，人民币汇率双向波动态势明显，整体上呈现升值趋势。人民币即期汇率小幅走升，对一篮子货币持续走强。2021年末，CFETS人民币汇率指数、参考BIS货币篮子和SDR货币篮子的人民币汇率指数分别为102.47、106.66和100.34，较2020年末分别升值8.05%、8.09%和6.48%。根据国际清算银行（BIS）数据，2021年人民币名义有效汇率累计升值8.0%，扣除通货膨胀因素的实际有效汇率累计升值4.5%。

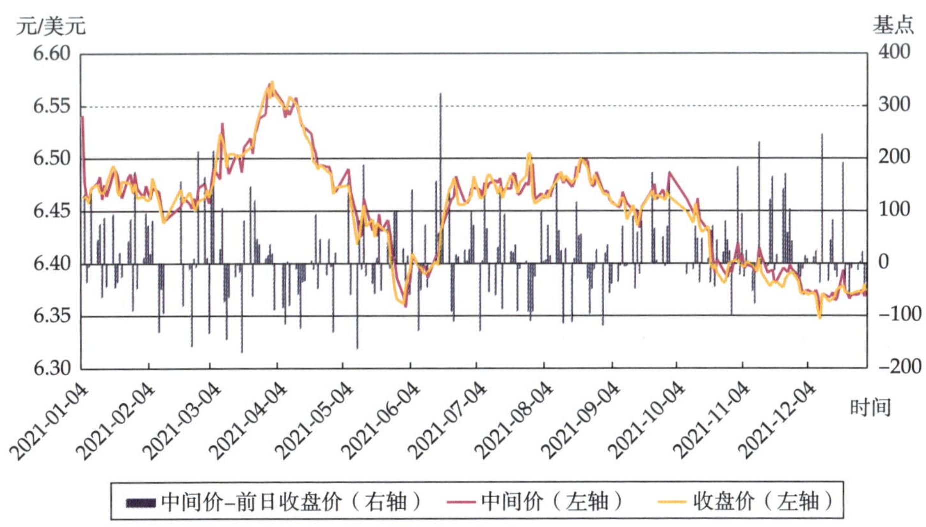

图6-1　境内人民币对美元汇率走势

（数据来源：中国外汇交易中心）

（二）外汇市场成交量平稳增长

2021年，在全球疫情持续冲击及国际政治经济形势深刻复杂变化的背景之下，银行间外汇市场交易规模稳健增长，市场发展和建设都取得了长足进步。2021年，银行间外汇市场（含外币货币市场）共成交45.6万亿美元，同比增长25.3%。其中，人民币外汇市场交投活跃，全年成交31.3万亿美元，同比增长23.4%；外币货币市场交投活跃度继续提升，全年成交12.7万亿美元，同比增长24.7%；境内外币对市场流动性进一步聚集，全年成交1.6万亿美元，同比大幅增长93.1%。

二、主要特点

（一）人民币对美元汇率双向波动中总体稳定

2021年，人民币对美元汇率延续强势，年末中间价和即期汇率分别报收6.3 757和6.3 730，较上年末分别升值2.34%和2.62%。2021年末，境内市场（CNY）和境外市场（CNH）即期交易价累计升值2.7%和2.2%。境内外市场维持窄幅价差，日均价差58个基点，低于2020年全年日均价差（94个基点）。年内汇率双向波动明显，1—3月区间震荡，4—5月升值，6—8月贬值，此后在波动中总体有所升值。全年人民币对美元汇率在合理均衡水平上保持基本稳定，成为对美元保持稳健的少数货币。

（二）人民币外汇市场交易规模增长

受益于进出口贸易持续增长，人民币外汇市场全年成交31.3万亿美元，同比增长23.4%。其中，境内市场美元流动性充裕，推动银行使用掉期工具将美元资金转换成人民币资金使用，银行间外汇和货币掉期市场累计成交20.3万亿美元，同比增长24.4%；银行间即期外汇市场累计成交10.0万亿美元，同比增长19.4%，其中美元交易份额为96%；银行间外汇期权市场累计成交8 934亿美元，同比增长57.7%；银行间远期外汇市场累计成交1 089亿美元，同比增长4.3%。

（三）外币利率市场发展迅速

2021年，外币利率市场成交13万亿美元，日均成交524亿美元，同比增长25%，年内最高单日成交量突破700亿美元。其中，外币拆借日均成交512亿美元，同比增长23%，在外币利率市场中维持主导地位，也是银行间外汇市场成交量第二大的品种；外币回购日均成交12亿美元，同比增长136%；外币利率互换日均成交0.04亿美元，同比增长382%；外币同业存款日均成交0.02亿美元，同比增长256%。从交易期限分布看，隔夜交易仍为主体，占比为83%，较上年下降4个百分点；隔夜至1个月以内交易有所上升，占比为15%，较上年上升4个百分点；1个月以上交易相对平稳，占比约为2%。

（四）境外机构交易持续活跃

境外机构会员数量和交易规模持续增长。截至2021年末，银行间外汇市场境外会员机构176家，较上年末增加18家，其中人民币外汇市场境外会员机构130家，较上年末增加13家。全年境外机构在银行间人民币外汇市场累计成交9 233.72亿元，日均成交38亿元，同比增长10.1%；境外机构交易占全市场比例为1.5%，同比略降0.18个百分点。分机构类型看，参加行类机构日均交易量同比增长19%，交易规模占比为54%，连续两年保持交易规模占比和增长率最高；境外央行类机构交易规模占比保持第二，但日均交易量与前一年基本持平；人民币清算行日均交易量同比小幅增长6%。分交易品种看，境外机构交易主要以外汇掉期等衍生品交易为主，日均交易量同比增长12.27%，占其总交易量比重为86.31%，同比上升1.7个百分点。

三、创新与制度建设

（一）优化做市商管理和评优机制，促进市场健康发展

根据国家外汇管理局关于完善银行间外汇市场做市商制度的相关政策，遴选产生综合做市商，制定尝试做市机构指引，并组织尝试做市机构的申请和评估，完成交易系统的相关配合改造，优化“做市商—尝试做市机构—普通机构”体系结构，进一步规范银行间外汇市场发展，完善汇率形成机制，促进市场价格发现功能的发挥。同时，相应修订和发布做市商评优办法和细则，进一步完善考评指标和体系，引导做市商规范交易，促进市场健康发展。

（二）加强外汇市场服务实体经济能力

完善银企外汇交易平台功能，支持企业电子化多银行询价、交易和全流程管理，便利企业外汇交易和风险管理；减免中小微企业衍生品交易相关的银行间外汇市场交易手续费，降低中小微企业汇率避险成本，引导企业树立风险中性理念，支持银行加强服务实体经济能力。

（三）深化外汇市场对外开放，便利境外机构汇兑安排

上线人民币对印度尼西亚卢比区域交易。在中国与印度尼西亚双边本币结算（LCS）框架合作机制下，2021年9月6日人民币对印度尼西亚卢比在银行间区域市场正式挂牌交易，交易品种包括即期、远期、掉期和货币掉期，通过双方央行共同认定的特许交叉货币做市商（ACCD）机构，为银行间市场区域交易和清算提供支持。人民币对印度尼西亚卢比是首个支持衍生品交易的区域货币对，同时在中国与印度尼西亚双边本币结算机制下引入更多印度尼西亚当地银行参与，进一步便利头寸出清。人民币对印度尼西亚卢比银行间市场区域交易的推出，有助于形成人民币对印度尼西亚卢比直接报价机制，降低企业汇兑成本，促进双边经贸合作。

推出债券通外汇风险管理信息服务。外汇交易中心从2021年3月12日起推出债券通外汇风险管理信息服务，提供债券通项下的资金汇兑、外汇风险对冲以及债券投资情况相关信息，从9月13日起授权债券通公司提供客户备案、信息报送和查询等债券通相关外汇服务，便利香港结算行为境外机构投资者提供资金汇兑和外汇风险管理服务，并推动债券通投资者选择多家结算行的业务落地。

（四）推进外币利率市场业务创新，提升外币融资效率

落地与中央结算公司的外币回购业务合作。2021年7月12日，外汇交易中心与中央结算公司合作推出以中央结算公司托管债券为抵押品的外币回购业务，采用外币回购自动选券模式支持外币回购市场进一步深化发展。外汇交易中心与中央结算公司通力协作，首创外币回购自动选券模式，通过在外币回购市场引入中央结算公司作为独立第三方机构，为投资者提供逐日盯市、自动调

整、违约处置等全流程的担保品管理服务，对进一步提升外币融资效率、防范市场信用风险、提升机构金融资产配置效率具有重要意义。

拓展外币回购抵押品范围和应用场景。2021年5月17日，外汇交易中心成功推出以外币同业存单为抵押品的外币回购业务，外币回购抵押品范围进一步扩展，目前业务已支持境内外多币种、多类型的抵押品，以满足不同参与机构的交易需求，提升机构外币资产负债管理效率。11月30日，拓展外币回购代收发报文业务至二级托管模式，为参与机构提供交易、交易确认、代发报文指令、代收反馈报文，提供指令状态、结算状态等一站式全流程服务，进一步降低各类机构交易参与成本，通过与多种模式下的托管机构深化合作，共同推进形成银行间市场开放交易生态。

（五）创新优化数据业务，丰富信息服务体系

推进外币拆借情绪指数优化。外汇交易中心与上海国际货币经纪公司从2021年7月26日起优化银行间美元拆借资金面情绪指数，在原有早盘指数的基础上综合境内外市场供求情况及日间资金面变化情况，新增发布日间指数，进一步丰富境内美元基准参考体系，满足市场交易定价参考需求。

推出外汇参考数据接口（Reference Data Interface）服务。提供外汇市场机构基础信息、外汇产品基础信息、节假日、起息日等基础数据的自动化下载服务，提升市场运行效率和自动化水平。

完善互联网信息服务。实现iDeal对iTrader相关功能的整合，在此基础上进一步优化行情信息体系，重新设计并推出外汇期权成交及报价行情，引入本币货币、债券、衍生品行情，完成本外币行情互通，推出订单数据查询业务。

（六）加强市场风险防范与化解

推出外汇净额清算违约处置合作业务。与上海清算所合作将违约处置渠道从客盘拓展至银行间外汇市场，增加风险对冲及头寸拍卖等违约处置手段，实现违约处置的全流程线上化和直通式处理，避免信息泄露造成市场冲击，防止局部风险演化为系统性金融风险，切实落实重大金融风险防范化解工作，保障金融市场平稳运行。

四、发展展望

2022年，外汇市场将持续完善外汇市场产品序列和交易机制，丰富境内汇率避险工具，推出外汇奇异期权产品和期权点击成交业务模式，推进人民币外汇期货试点相关研究；完善银企外汇交易平台产品序列和系统功能。完善外币利率市场交易机制和产品序列，探索外币对集中净额清算业务。深化外汇市场高水平双向开放，继续推进在上海自贸区提供小币种外汇交易相关服务，便利境内外债券投资者通过银行间外汇市场开展汇率风险管理，推进外币对市场引入境外平台流动性、外币回购境内外直连等互联互通场景创新。

第七章　黄金市场

2021年，全球黄金价格总体下行，国际、国内主要黄金市场交易量均有所下滑，境内黄金ETF投资需求较快增长，商业银行收紧个人贵金属业务。黄金市场基础设施和制度建设进一步完善。

一、运行情况

（一）上海黄金交易所黄金交易情况

1. 现货金价震荡下跌，黄金交易规模有所下降

2021年，上海黄金交易所（以下简称上金所）黄金价格呈现先扬后抑、震荡下跌走势。交易量最大的黄金现货Au99.99合约开于397.48元/克，最高价402.48元/克，最低价260.88元/克，收于373.85元/克，较上年末下跌4.14%。全年，上金所总成交金额为20.53万亿元，同比下降52.62%，其中，黄金成交金额为13.08万亿元，同比下降41.99%；成交量为3.48万吨，同比下降40.62%。

图7-1　2021年国内外黄金价格走势

（数据来源：上海黄金交易所）

2. 黄金竞价和询价交易量下降，定价交易量上升

2021年，上金所竞价、询价、定价各市场板块黄金、白银、铂金三大品种交易有序开展。其中，黄金竞价成交量为1.24万吨，成交金额为4.66万亿元；黄金询价成交量为2.12万吨，成交金额为7.97万亿元；黄金定价成交量为1 184.35吨，成交金额为4 437.81亿元。

3. 资金清算量保持增长，黄金出入库规模上升

2021年，上金所资金清算结算和交割储运安全高效。全年，上金所资金净额清算量为4.70万亿元，日均资金净额清算量为193.29亿元，同比增长3.63%。上金所主板黄金出库量为1 745.70吨，同比增长44.83%；入库量为1 553.67吨，同比增长21.32%。国际板黄金出库量为121.61吨，同比增长303.30%；入库量为110.67吨，同比增长为1 257.94%。

（二）上海期货交易所黄金期货和期权交易情况

1. 黄金期货价格总体呈震荡偏弱走势

2021年，上海期货交易所（以下简称上期所）黄金期货主力合约年初开盘价401.40元/克，最高价406.94元/克，最低价354.58元/克，最大价差52.36元/克；年末收盘价376.42元/克，较上年末收盘价397.6元/克下降21.18元/克，跌幅为5.33%。

2. 黄金期货成交量和持仓量小幅下降，交割量大幅上升

2021年，上期所黄金期货成交4 541.22万手（折合4.54万吨）和17.08万亿元，同比分别下降13.34%和17.54%，日均成交18.69万手和703.04亿元；日均持仓20.90万手，同比下降21.06%；交割5 169手（折合5.17吨），同比增长88.10%。截至2021年末，共有工商银行、农业银行、中国银行、建设银行、交通银行、浦发银行6家指定交割金库（共39个存放点）。

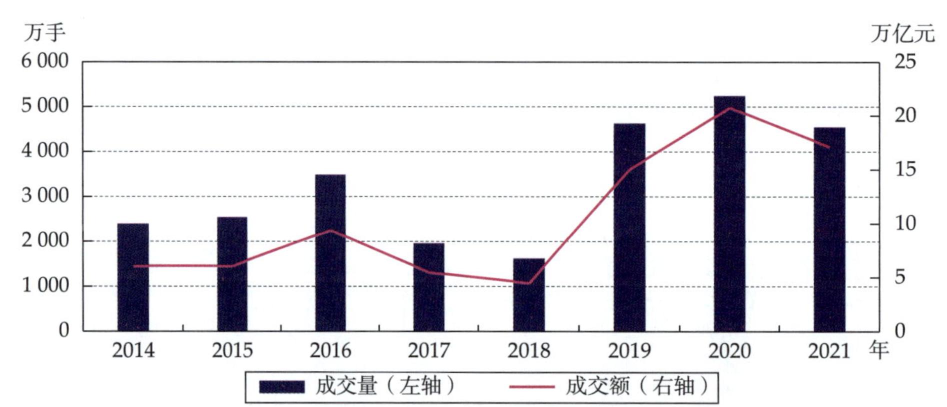

图7-2 2014—2021年上海期货交易所黄金期货年度交易情况

（数据来源：上海期货交易所）

3. 黄金期货期权交易平稳

黄金期权日均成交量为1.29万手，日均成交额为5 286.39万元，日均持仓量为3.28万手。相对标的市场规模来看，黄金期权日均成交量与标的黄金期货的比例为6.91%，日均持仓量与标的黄金期货的比例为15.70%。行权方面，黄金期权共经历了12个到期日，766个合约完成行权、顺利摘牌，累计行权量为15 460手，基本为实值期权行权。

（三）商业银行柜台黄金业务开展情况

2021年，商业银行在境内开展的各项场外黄金业务累计成交5 489.18吨，同比下降

51.89%。其中，黄金租借业务小幅上升，账户金、衍生品交易量以及实物金和黄金理财产品销售均下降。

1. 账户金交易规模下降

2021年，商业银行账户金双边成交1 268.44吨，同比下降71.69%；成交金额为4 740.66亿元，同比下降72.27%。其中，美元账户金累计成交96.93吨，同比下降67.08%，成交金额为363.17亿元，同比下降68.17%；人民币账户金累计成交1 171.51吨，同比下降72.01%，成交金额为4 377.49亿元，同比下降72.56%。截至12月末，账户金业务中客户净多头头寸为60.80吨，同比下降21.91%。

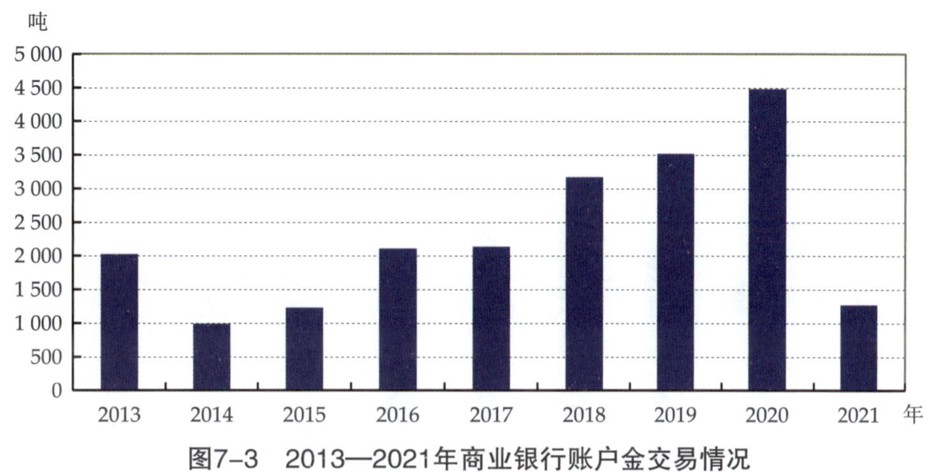

图7-3 2013—2021年商业银行账户金交易情况

2. 商业银行实物金销售出现结构性变化

商业银行实物金业务包括自营品牌金、代理品牌金和黄金积存（含黄金定投）的销售及回购。2021年，商业银行实物金销售233.25吨，同比下降7.59%，累计销售额为924.45亿元，同比下降9.10%。其中，自营品牌金销售97.56吨，同比上升12.33%；代理品牌金销售24.52吨，同比上升50.99%；黄金积存（含黄金定投）销售111.17吨，同比下降25.55%。

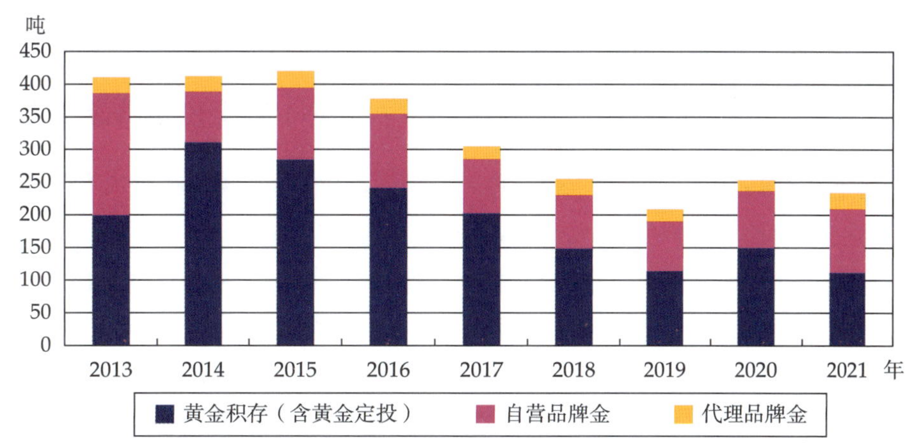

图7-4 2013—2021年商业银行实物黄金销售情况

3. 黄金理财和资管产品规模下降

2021年，商业银行出售各类挂钩黄金理财及资管产品名义本金为25 098.48亿元，同比下降34.63%；到期赎回25 975.65亿元，同比下降33.12%。截至2021年末，未到期黄金理财产品余额为4 052.35亿元，同比下降14.73%。

4. 黄金租借业务有升有降

黄金租借业务包括商业银行同业黄金拆借和对企业客户的黄金租赁两部分。2021年，商业银行累计租借业务成交量为2 030.85吨，同比上升0.89%。其中，对客租出黄金572.39吨，同比下降5.06%；同业拆出黄金1 458.46吨，同比上升3.43%。截至2021年底，黄金业务租借余额为1 357.16吨，同比上升13.71%。

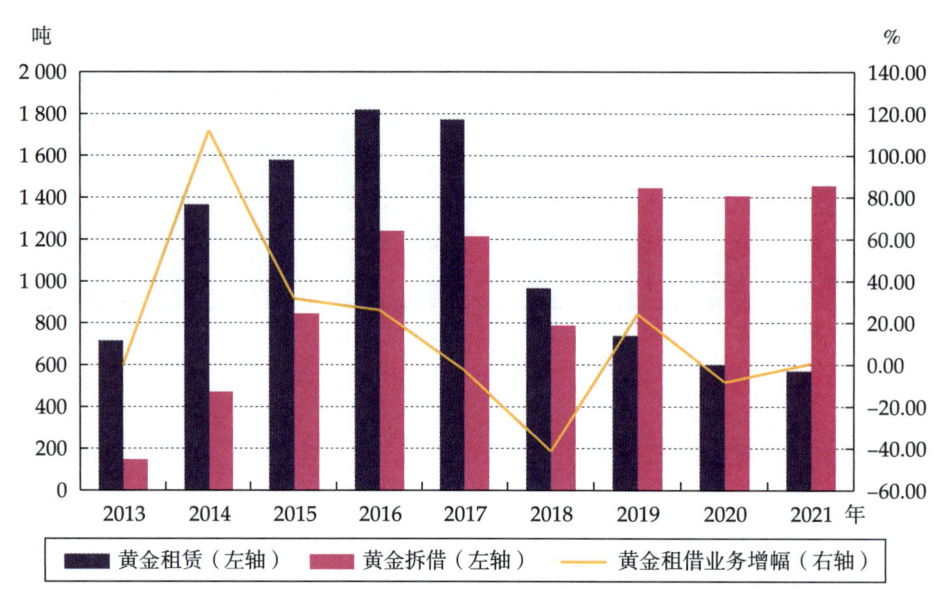

图7-5 2013—2021年商业银行黄金租借交易情况

5. 境内各类黄金衍生品交易量普遍下降

2021年，商业银行在境内开展的黄金衍生品累计成交黄金1 860.27吨，同比下降41.03%。从产品结构来看，黄金远期成交365.95吨，同比下降28.29%；黄金掉期成交1 455.32吨，同比下降43.01%；黄金期权成交39.00吨，同比下降56.95%。从币种结构来看，人民币计价的场外黄金衍生品成交431.07吨，同比下降37.18%；美元计价的场外黄金衍生品成交1 429.20吨，同比下降42.10%。

二、主要特点

（一）黄金价格持续震荡，波动加剧

2021年，新冠肺炎疫情反复下的高通胀、大国竞争中的经贸摩擦、供应链修复，以及以美联储为首的发达经济体货币政策走向等，持续影响全球经济和金融市场，黄金市场不确定性增加，黄金价格波动性加剧。2021年，国际黄金价格走势与国内金价走势相近，经历了前3个月下跌后回升，并维持持

续震荡的态势。2021年，国际现货黄金开于1 909.07美元/盎司，最高价1 959.29美元/盎司，最低价1 676.82美元/盎司，收于1 829.24美元/盎司，较上年末下跌3.60%。同期，上金所Au99.99收于373.85元/克，较上年末下跌4.14%。

（二）国内外黄金价差由负转正，商业银行恢复黄金进口

2020年国内外金价持续负价差，各商业银行自当年5月开始全面暂停黄金进口。2021年，国内外黄金价差从长期大幅负价差逐渐转正，除在5月、6月出现阶段性负价差外，其余时间段基本保持了正价差，全年平均价差为1.14元/克。2021年，国内外价差由折价转为溢价，3月以后，商业银行陆续重启黄金进口业务。全年，商业银行共进口黄金576.10吨，较上年同期增长549.32%；进口金额为2 125.58亿元，较上年同期增长484.58%。

（三）“两所一柜”黄金成交量首次同时下跌

2021年，我国黄金市场成交量为13.11万吨，同比下降25.04%；“两所一柜”市场的黄金成交量均有所下跌，跌幅自13.36%至52%不等。其中有投资者交易偏好转移到大宗商品等方面的原因。

（四）境内黄金ETF投资需求较快增长

2021年，国内股票市场波动大，黄金价格下跌，一些投资者选择购买黄金ETF技术性低位建仓黄金。截至年末，境内共存续15只黄金ETF，较上年增加4只；持仓规模为74.74吨，同比增长23.68%。其中，华安易富黄金ETF和博时黄金ETF持仓规模排名前两位，分别为32.03吨和25.28吨，占比分别为42.86%和33.82%。

三、制度和基础设施建设

（一）制度建设进一步完善

一是人民银行发布《黄金租借业务管理暂行办法》（征求意见稿），进一步规范黄金租借业务发展，防范黄金市场有关风险。二是上金所修订《异常交易监控制度的规定》《反洗钱工作管理办法》《会员反洗钱和反恐融资工作实施办法》等，强化全面风险管理和全周期会员管理，健全风险管理长效机制。三是上期所发布《上海期货交易所黄金期货合约（修订案）》《关于发布期权合约及有关实施细则修订案的公告》等，持续优化完善交易和交割、行权机制。

（二）服务体系不断健全

2021年，上金所继续提升市场服务水平。一是切实降低交易成本。多次数、结构性减免手续费、仓储费、运保费、交割费和过户费等，对相关会员单位进行业务扶持，降低投资者交易成本，支持实体经济发展。全年，上金所为会员减免各种费用合计达4.95亿元。二是着力优化清结算功能。强化保证金管理，认真履行合格中央对手职责及信息披露义务，建立资金流动性压力测试机制，开展年度违约处置演练和应急演练等。三是全面完善交割储运服务体系，优化仓储网络布局，提升交割服务功能。

（三）基础设施建设持续推进

一是人民银行上海总部和上金所共建完

成并正式上线运营中国黄金市场交易报告库（一期），实现场外数据与上金所场内数据的整合，提升了黄金市场交易信息的全面性和统一性，使黄金市场监测管理和风险防范更为高效和持续。

二是上金所以“卓越、安全、创新、服务”为建设目标，完成第四代技术系统一期研发和上线工作，系统运行安全高效，为黄金市场发展提供技术保障。

三是上金所启用南外滩生产运行大楼和深圳运营中心大楼，初步构建成分布在上海、深圳两地，涵盖同城灾备中心、同城备份中心、异地灾备中心的“两地三中心”布局，为黄金市场长远发展奠定硬件基础。

四、对外开放

2021年，上金国际业务有序开展，市场主体稳步增长，全年成交总金额为3.07万亿元，同比下降62.84%。其中，黄金成交金额为1.25万亿元，同比下降59.06%。

一是业务参与主体进一步丰富。上金所积极开拓市场，稳步增加上金国际市场参与主体。截至2021年末，共发展95家国际会员、82家国际客户，全年新增国际会员9家，国际会员覆盖全球12个国家和地区，涵盖商业银行、精炼企业、贸易公司、券商、投资机构等多种类型。

二是交易平台发展进一步延伸。发挥上海自贸区先行先试的优势，持续推动国际板FT账户在上海以外部分自贸区的复制推广及落地，目前已将国际板FT账户开立范围延伸至深圳地区并实现落地交易，扩大上金国际交易平台的辐射力和影响力。

五、发展展望

2022年，中国黄金市场将继续稳中求进，统筹推进市场创新与风险防控，持续发挥服务实体经济功能。进一步完善交易机制和制度建设，构建更为高效安全的基础设施体系。开展黄金市场投资者宣传教育工作，加强黄金市场管理和监测，切实防范黄金市场风险。

第八章 保险市场

2021年，我国保险业坚持以人民为中心的发展理念，积极支持疫情防控、复工复产、社会民生和实体经济发展，体制机制日益完善，保障水平明显提升，风险抵御能力不断增强，连续4年保持全球第二大保险市场地位，全球影响逐步扩大。

一、运行情况

（一）原保险保费收入

2021年，我国保险业共实现原保险保费收入为44 900.2亿元，按可比口径计算同比增长4.05%[①]。财产险、人身险占比分别为25.99%和74.01%。其中，财产险公司原保险保费收入为13 676.5亿元，人身险公司原保险保费收入为31 223.7亿元，按可比口径计算同比增速分别为1.92%[②]和5.01%[③]。2017—2020年，保险业原保险保费收入依次为36 581.0亿元、38 016.6亿元、42 645.0亿元和45 257.3亿元，年增长率分别为18.16%、3.92%、12.17%和6.13%。财产险公司原保险保费收入年增长率依次为13.76%、11.52%、10.72%和4.36%；人身险公司原保险保费收入年增长率依次为20.04%、0.85%、12.82%和6.90%。

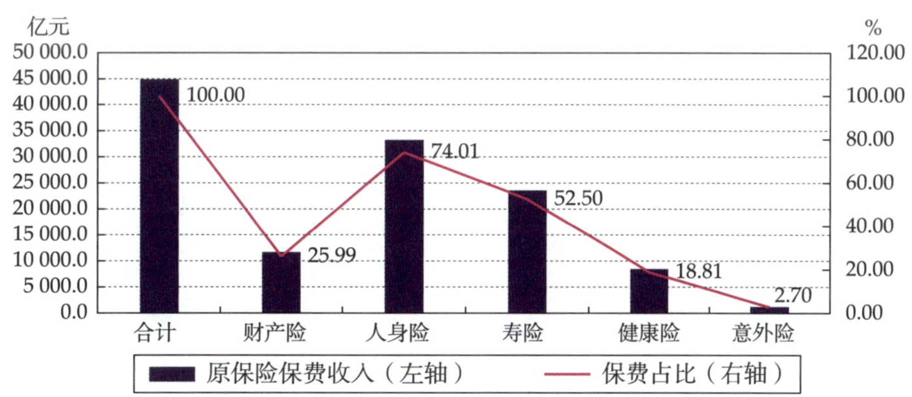

图8-1 2021年原保险保费收入及险种结构

（数据来源：中国银保监会网站）

① 自2021年6月起，行业汇总数据未纳入目前处于风险处置阶段险企的相关数据。数据来源于http://www.cbirc.gov.cn/cn/view/pages/ItemDetail.html?docId=1034665&itemId=954&generaltype=0，访问日期：2022年7月4日。

② 财产险相关项目按可比口径计算增速的数据来源于http://www.cbirc.gov.cn/cn/view/pages/ItemDetail.html?docId=1034666&itemId=954&generaltype=0，访问日期：2022年7月4日。

③ 人身险相关项目按可比口径计算增速的数据来源于http://www.cbirc.gov.cn/cn/view/pages/ItemDetail.html?docId=1034667&itemId=954&generaltype=0，访问日期：2022年7月4日。

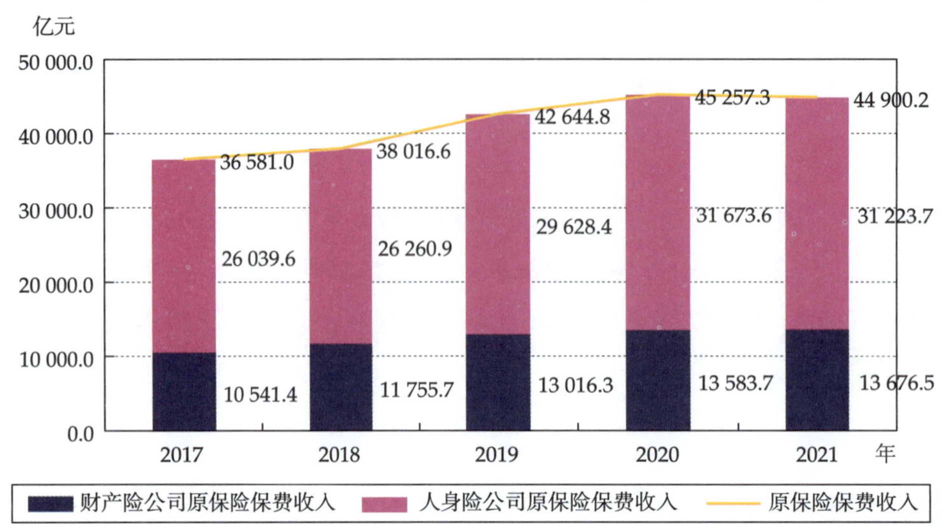

图8-2 2017—2021年原保险保费收入结构

（数据来源：中国银保监会网站）

（二）原保险赔付支出

2021年，原保险赔付支出为15 608.6亿元，按可比口径计算同比增长14.12%，增速持续上升。财产险、人身险的赔付支出占比分别为49.25%和50.75%。财产险公司和人身险公司原保险赔付支出分别为8 848.0亿元和6 760.6亿元，按可比口径计算同比增速分别为13.55%和14.87%[①]。2017—2020年，保险业赔付支出依次为11 180.8亿元、12 297.9亿元、12 894.0亿元和13 907.1亿元，年增长率分别为6.35%、9.99%、4.85%和7.86%。

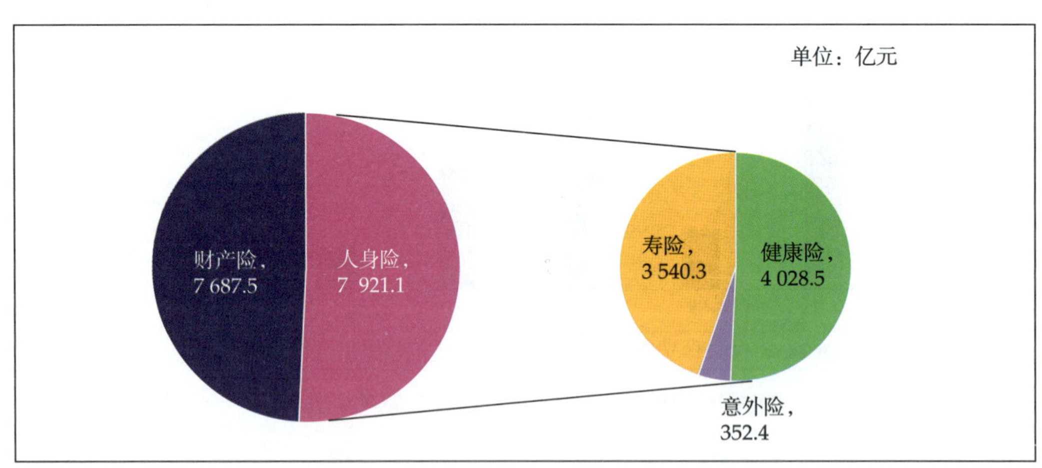

图8-3 2021年赔付支出险种结构

（数据来源：中国银保监会网站）

① 财产险相关项目按可比口径计算增速的数据来源于：http://www.cbirc.gov.cn/cn/view/pages/ItemDetail.html?docId=1034666&itemId=954&generaltype=0，人身险相关项目按可比口径计算增速的数据来源于：http://www.cbirc.gov.cn/cn/view/pages/ItemDetail.html?docId=1034667&itemId=954&generaltype=0.

其中，财产险公司原保险赔付支出年增长率依次为8.95%、17.43%、12.76%和8.27%；人身险公司原保险赔付支出年增长率依次为3.89%、2.81%、-3.88%和7.33%。

（三）保险业总资产

截至2021年底，保险公司总资产约24.9万亿元，按可比口径计算较年初增加2.6万亿元，增长11.5%。其中，财产险公司总资产为2.5万亿元，较年初增长6.0%；人身险公司总资产为21.4万亿元，较年初增长12.4%；再保险公司总资产为6 057.5亿元，较年初增长22.2%；保险资产管理公司总资产为1 030亿元，较年初增长35.4%；[①]其他机构总资产为3 378.9亿元。2017—2020年，保险业总资产依次为16.7万亿元、18.3万亿元、20.6万亿元和23.3万亿元，年增长率分别为10.80%、9.45%、12.18%和13.29%。

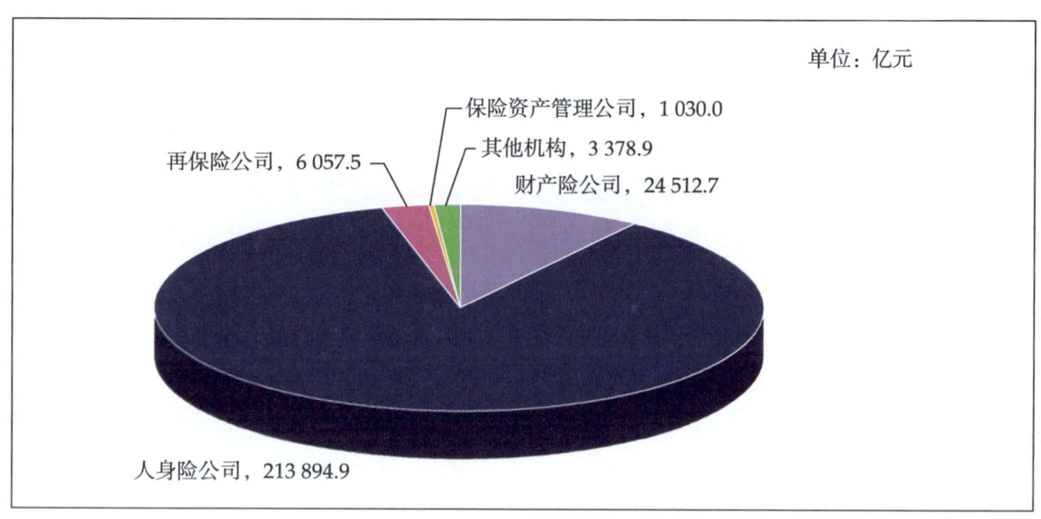

图8-4 2021年保险业总资产结构

（数据来源：中国银保监会网站）

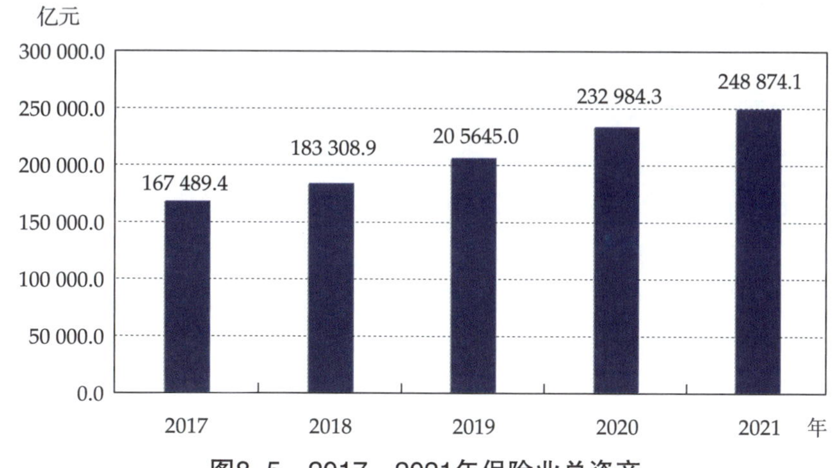

图8-5 2017—2021年保险业总资产

（数据来源：中国银保监会网站）

① 数据来源于http://www.cbirc.gov.cn/cn/view/pages/ItemDetail.html?docId=1037852&itemId=915，访问日期：2022年2月14日。

二、主要特点

（一）保险保障能力持续提升

2021年，保险业积极参与医疗、养老等多层次社会保障体系建设，推出税优健康险、税延养老险等试点，车险综合改革稳步推进，农业保险领域改革深入推进。全年提供保险金额12 146.2万亿元，按可比口径计算同比大幅增长40.71%。其中，财产险公司保险金额为10 860.3万亿元，按可比口径计算同比增长45.53%；人身险公司新增保险金额1 285.9万亿元，按可比口径计算同比增长9.96%[①]。从险种看，机动车辆险保险金额为511.51万亿元，责任险保险金额为4 927.94万亿元，农业险保险金额为4.72万亿元，健康险保险金额为2 110.98万亿元，意外险保险金额为3 933.43万亿元，寿险新增保险金额31.76万亿元，其他险种保险金额为625.86万亿元。各类保险为河南、山西暴雨灾后重建提供约116亿元赔付金额[②]。

（二）保险覆盖范围稳步扩大

2021年，保险业新增保单488.96亿件，财产险公司签单数量为479.41亿件，人身险公司全年累计新增保单9.54亿件。从险种看，机动车辆险签单数量为5.67亿件，货运险签单数量为43.08亿件，责任险签单数量为91.85亿件，保证保险签单数量为24.88亿件，健康险签单数量为119.82亿件，意外险签单数量为54.16亿件，寿险新增保单0.78亿件，其中普通寿险新增保单0.64亿件，其他险种签单数量为148.71亿件。新冠疫苗保险为超28亿剂次接种提供保障[③]。

（三）保险业整体偿付能力充足

2021年，保险业经营管理继续保持稳健。从公司治理指标看，保险机构公司治理稳中向好，关联交易管理得分率同比提高8.93个百分点，财产险公司、人身险公司的董事会治理方面得分率同比分别提高4.17个和2.78个百分点[④]；从经营指标来看，截至2021年底，保险公司净资产为29 305.6亿元。从偿付能力来看，保险业运行总体平稳，偿付能力充足率保持在合理区间。2021年第四季度末，纳入中国银保监会偿付能力监管委员会工作会议审议（以下简称纳入会议审议）的179家保险公司平均综合偿付能力充足率为232.1%，平均核心偿付能力充足率为219.7%。财产险公司、人身险公司、再保险公司的平均综合偿付能力充足率分别为283.7%、222.5%和311.2%[⑤]。从风险及风险管理指标来看，2021年第四季度末，纳入会议审议的91家保险公司风险综合评级被评为A

① 按可比口径计算增速的数据来源同原保费收入可比口径增速数据来源。

② 数据来源于https：//www.cbirc.gov.cn/cn/view/pages/ItemDetail.html?docId=1034725&itemId=915，访问日期：2022年1月30日。

③ 数据来源：https：//www.cbirc.gov.cn/cn/view/pages/ItemDetail.html?docId=1034725&itemId=915，访问日期：2022年1月30日。

④ 数据来源于https：//www.cbirc.gov.cn/cn/view/pages/ItemDetail.html?docId=1028635&itemId=915&generaltype=0，访问日期：2022年1月30日。

⑤ 数据来源于https：//www.cbirc.gov.cn/cn/view/pages/ItemDetail.html?docId=1040213&itemId=915&generaltype=0，访问日期：2022年7月4日。

类，75家保险公司被评为B类，8家保险公司被评为C类，4家保险公司被评为D类[①]。

（四）保险资金长期投资优势显著

截至2021年底，保险资金运用余额为23.23万亿元。其中，银行存款2.62万亿元，占比为11.27%；债券9.07万亿元，占比为39.04%；股票和证券投资基金2.95万亿元，占比为12.70%；其他投资8.59万亿元，占比为36.99%。保险资金发挥长期投资优势，积极参与长江经济带建设、粤港澳大湾区建设、京津冀协同发展等国家重大战略项目建设。

三、改革创新

（一）开展专属商业养老保险试点，规范发展第三支柱养老保险

2021年5月，中国银保监会发布《关于开展专属商业养老保险试点的通知》（银保监办发〔2021〕57号），对专属商业养老保险产品交费方式、积累期和领取期设计、保险责任、退保规则、信息披露、产品管理等作出规范，并明确在权益类资产配置比例、最低资本要求等方面的监管支持政策。自6月1日起在浙江省（含宁波市）和重庆市开展专属商业养老保险试点，试点期限暂定为一年，6家保险公司参与试点[②]。

12月，中国银保监会发布《关于规范和促进养老保险机构发展的通知》（银保监办发〔2021〕134号），支持符合条件的养老保险公司参与专属商业养老保险试点。

（二）持续推进车险综合改革，部署推动各项工作任务不断深化、落地见效

2020年9月，中国银保监会发布《关于实施车险综合改革的指导意见》《示范型商车险精算规定》《关于调整交强险责任限额和费率浮动系数的公告》等系列文件，车险综合改革随即启动实施。车险综合改革启动实施以来，社会效益显著，车险市场呈现保费价格、手续费率“双降”和保险责任限额、商车险投保率“双升”的新局面。截至2021年底，车险保费收入在财产险公司总保费收入中的占比降为56.8%，同比下降3.9个百分点[③]，比例已基本接近美国（43%）、日本（50%）等世界主要经济体平均水平。

为落实中国银保监会车险综合改革工作部署，《新能源汽车商业保险专属条款（试行）》和《新能源汽车商业保险基准纯风险保费表（试行）》相继发布。2021年12月27日，上海保险交易所正式上线新能源车险专属产品交易服务平台。平台首批挂牌12家财产险公司的新能源汽车专属保险产品，为新能源汽车专属保险产品落地服务提供支持，

① 数据来源于https://www.cbirc.gov.cn/cn/view/pages/ItemDetail.html?docId=1040213&itemId=915&generaltype=0，访问日期：2022年7月4日。

② 中国银保监会发布《关于开展专属商业养老保险试点的通知》，http://www.cbirc.gov.cn/cn/view/pages/ItemDetail.html?docId=983946&itemId=915&generaltype=0，访问日期：2022年2月7日。

③ 根据中国银保监会官网数据计算得到，数据来源于http://www.cbirc.gov.cn/cn/view/pages/ItemDetail.html?docId=1034666&itemId=954&generaltype=0，访问日期：2022年7月4日。

让新能源车主切实享受到车险综合改革的政策红利。

（三）加强保险中介监管，提高保险中介机构信息化工作与经营管理水平

为加强保险中介监管，促进保险中介机构加强信息化建设、提高经营管理水平，推动保险中介行业高质量发展，2021年1月12日，中国银保监会发布《关于印发保险中介机构信息化工作监管办法的通知》（银保监办发〔2021〕3号），对保险中介机构信息化工作提出全面要求，明确不符合要求不得经营保险中介业务①。上海保险交易所推出保险中介服务平台，以保险中介SaaS系统和交易链接服务为支点，为保险中介机构数字化转型提供一站式解决方案。截至2021年底，平台已服务400余家保险中介机构和30余家保险公司。

（四）深化“证照分离”改革，进一步激发市场主体发展活力

为认真落实党中央、国务院重大决策部署，持续深化“放管服”改革，推进保险业简化审批，优化准入服务，进一步优化营商环境，激发市场主体活力，推动经济高质量发展，2021年7月27日，中国银保监会发布《关于印发深化“证照分离”改革进一步激发市场主体发展活力实施方案的通知》（银保监发〔2021〕25号），对中央层面设定的涉企经营许可事项逐项细化改革举措，明确在全国范围内，对保险业涉企经营许可事项实施全覆盖清单管理，采取“优化审批服务”的改革方式，推动行政许可减材料、简程序、减环节；在自由贸易实验区内，进一步加大改革试点力度，采取“审批改为备案”的改革方式，结合监管实际，将部分保险机构分支机构设立、高级管理人员任职资格核准等事项由事前审批改为事后报告。推动简政放权、优化准入服务，创新和加强事中事后监管，营造公平公开、便捷高效的银行业保险业市场准入环境②。

（五）持续深化保险资金运用市场化改革，提高服务实体经济质效

为进一步深化保险资金运用市场化改革，中国银保监会于2021年9月18日发布《关于资产支持计划和保险私募基金登记有关事项的通知》（银保监办发〔2021〕103号），将保险资产管理机构的资产支持计划和保险私募基金由注册制改为登记制，并分别由中保保险资产登记交易系统有限公司和中国保险资产管理业协会承担登记工作③。11月17日，发布《关于保险资金投资公开募集基础设施证券投资基金有关事项的通知》（银保监办发〔2021〕120号），助力盘活基础设施存量资产，提高直接融资比重④。11月19

① 中国银保监会有关部门负责人就《保险中介机构信息化工作监管办法》答记者问，http://www.cbirc.gov.cn/cn/view/pages/ItemDetail.html?docId=958272&itemId=915&generaltype=0，访问日期：2022年2月7日。

② 中国银保监会发布《关于深化“证照分离”改革进一步激发市场主体发展活力实施方案》，http://www.cbirc.gov.cn/cn/view/pages/ItemDetail.html?docId=998699&itemId=915&generaltype=0，访问日期：2022年2月7日。

③ 中国银保监会有关部门负责人就《关于资产支持计划和保险私募基金登记有关事项的通知》答记者问，http://www.cbirc.gov.cn/cn/view/pages/ItemDetail.html?docId=1010313&itemId=915，访问日期：2022年2月7日。

④ 中国银保监会有关部门负责人就《关于保险资金投资公开募集基础设施证券投资基金有关事项的通知》答记者问，http://www.cbirc.gov.cn/cn/view/pages/ItemDetail.html?docId=1018670&itemId=915&generaltype=0，访问日期：2022年2月11日。

日，发布《关于调整保险资金投资债券信用评级要求等有关事项的通知》（银保监办发〔2021〕118号），拓宽保险资金运用范围，扩大保险机构自主决策空间①。12月3日，发布《关于保险资金参与证券出借业务有关事项的通知》（银保监办发〔2021〕121号），进一步规范保险资金参与证券出借业务行为②。12月17日，发布《关于修改保险资金运用领域部分规范性文件的通知》（银保监发〔2021〕47号），对部分规范性文件进行了集中修订，有利于增强市场主体的投资自主权，为多层次资本市场提供长期资金来源，同时引导保险资金加大标准化产品投资，防范投资风险③。

四、对外开放

（一）发布指导意见，部署推进上海国际再保险中心建设

为认真落实《中共中央　国务院关于支持浦东新区高水平改革开放　打造社会主义现代化建设引领区的意见》有关要求，2021年10月26日，中国银保监会、上海市人民政府发布《关于推进上海国际再保险中心建设的指导意见》（银保监发〔2021〕36号），明确上海国际再保险中心建设的指导思想、发展目标和基本原则等总体目标，提出四个方面的重点任务，包括：一是提供高水平制度供给，逐步形成有利于上海再保险市场发展的竞争优势；二是提高再保险产品供给与创新能力，服务保障国家战略；三是推进高水平制度型开放，提升上海再保险中心国际竞争力；四是加快建设再保险人才高地，形成上海再保险市场的智库优势④。

（二）修改《〈中华人民共和国外资保险公司管理条例〉实施细则》

为贯彻党中央、国务院关于扩大金融业对外开放的决策部署，进一步完善《中华人民共和国外资保险公司管理条例》相关配套制度，2021年3月19日，中国银保监会发布《关于修改〈中华人民共和国外资保险公司管理条例实施细则〉的决定》，进一步明确外国保险集团公司和境外金融机构准入条件，完善股东变更及准入要求，保持制度一致性，取消外资股比的限制性规定。中国银保监会将按照《中华人民共和国外资保险公司管理条例》及修改后的实施细则，持续优化保险业投资和经营环境，进一步激发市场活力，提升保险业服务实体经济质效。⑤

---

① 中国银保监会发布《关于调整保险资金投资债券信用评级要求等有关事项的通知》，http：//www.cbirc.gov.cn/cn/view/pages/ItemDetail.html?docId=1018999&itemId=917&generaltype=0，访问日期：2022年2月11日。

② 中国银保监会发布《关于保险资金参与证券出借业务有关事项的通知》，http：//www.cbirc.gov.cn/cn/view/pages/ItemDetail.html?docId=1021800&itemId=915，访问日期：2022年2月11日。

③ 中国银保监会发布《关于修改保险资金运用领域部分规范性文件的通知》，http：//www.cbirc.gov.cn/cn/view/pages/ItemDetail.html?docId=1024398&itemId=917&generaltype=0：访问日期：2022年2月11日。

④ 《中国银保监会 上海市人民政府关于推进上海国际再保险中心建设的指导意见》，http：//www.cbirc.gov.cn/cn/view/pages/govermentDetail.html?docId=1014500&itemId=871&generaltype=1，访问日期：2022年2月7日。

⑤ 中国银保监会发布《关于修改〈中华人民共和国外资保险公司管理条例实施细则〉的决定》，http：//www.cbirc.gov.cn/cn/view/pages/ItemDetail.html?docId=971672&itemId=917&generaltype=0，访问日期：2022年2月7日。

（三）支持香港金融中心建设，促进两地保险市场加强交流和共同发展

为深入贯彻落实党中央关于进一步扩大金融业开放部署要求，支持粤港澳大湾区建设，2021年8月，中国银保监会发布修订的《保险公司偿付能力监管规则——问题解答第1号：偿付能力监管等效框架协议过渡期内的香港地区再保险交易对手违约风险因子》（银保监发〔2021〕30号），明确将过渡期内香港地区合格再保险机构分入内地直保公司业务时适用的再保险信用风险因子方案期限延长至2022年6月30日，与香港进行偿付能力监管制度等效互认并给予相应的监管便利政策[①]。

为支持有意愿的境内保险公司在香港市场发行巨灾债券，2021年9月27日，中国银保监会发布《关于境内保险公司在香港市场发行巨灾债券有关事项的通知》（银保监办发〔2021〕102号），明确巨灾债券的适用范围，明确特殊目的保险公司（SPI）的准入及相关监管要求，明确保险公司应严格遵守的法律及风险管控要求，明确保险公司发行巨灾债券的信息报告要求等[②]，着力构建多层次巨灾风险分散机制。

五、发展展望

2022年，保险业将坚持走高质量发展道路，加快转型发展步伐，积极将行业发展融入国家大局，着力培育结构合理、功能完备、保障全面、竞争有序的保险供给体系，全面服务构建新发展格局。坚定不移回归保障本源，优化保险产品和重点领域共保体机制，完善健康保险服务，规范发展第三支柱养老保险，发展服务“三农”等领域的普惠保险，创新绿色金融产品服务，切实促进共同富裕和碳达峰、碳中和；积极探索差异化发展和错位竞争，顺应数字化转型趋势，提升发展质量；完善公司治理机制，探索、建立和完善既具有中国特色又符合国际规则的现代企业制度；持续扩大高水平对外开放，服务国家重大开放举措，加大对共建“一带一路”项目的支持力度；牢牢守住风险底线，全面加强内控建设，培育合规文化，增强合规经营内生动力。

① 中国银保监会延长对香港地区偿付能力监管等效框架协议过渡期内再保险信用风险因子适用期限，http://www.cbirc.gov.cn/cn/view/pages/ItemDetail.html?docId=1000238&itemId=915&generaltype=0，访问日期：2022年2月7日。

② 中国银保监会发布《关于境内保险公司在香港市场发行巨灾债券有关事项的通知》，http://www.cbirc.gov.cn/cn/view/pages/ItemDetail.html?docId=1010125&itemId=915&generaltype=0，访问日期：2022年2月7日。

专题六　上海保险交易所服务国际再保险中心建设取得新进展

一、上海国际再保险中心建设加速迈入新阶段

2021年7月，《中共中央　国务院关于支持浦东新区高水平改革开放　打造社会主义现代化建设引领区的意见》（以下简称《引领区意见》）正式发布，要求“发挥上海保险交易所积极作用，打造国际一流再保险中心”，首次明确了上海保险交易所作为国家级金融基础设施在服务上海国际再保险中心建设中的重要作用。为落实落细这一重大国家战略，2021年10月，中国银保监会和上海市政府联合发布《关于推进上海国际再保险中心建设的指导意见》（以下简称《指导意见》），对上海打造国际一流再保险中心进行了整体规划，其中“支持上海保险交易所建设立足上海、辐射全球的数字化再保险登记清结算服务体系和再保险区块链数据交互规范”“完善陆家嘴国际再保险会议交流机制功能”等多项重点任务与上海保险交易所息息相关。

二、金融基础设施积极服务打造国际一流再保险中心

为落实《引领区意见》《指导意见》赋予的责任使命，更好服务打造国际一流再保险中心，上海保险交易所积极构建“一会议”“一平台”“一标准”的“线上+线下”的服务设施和服务机制，打造了支持再保险市场深度参与和引领全球风险分散和风险治理的要素链接、市场链接和规则链接。

“一会议”，即陆家嘴国际再保险会议。自2019年起会议已成功举办三届，从交易规模上看，已成为世界四大再保险交易商年会之一。2021年召开的第三届陆家嘴国际再保险会议得到中国银保监会和上海市区两级政府更大力度的支持，吸引了全球405家机构共1 357人注册参会。《指导意见》在会上正式发布，会议在权威性、影响力、交易量上全面超过前两届，正加速成为再保险业务集中撮合交易和国际交流合作的重要场景。

“一平台”，即全球首创的数字化再保险登记清结算平台。上海保险交易所瞄准全球再保险基础设施薄弱的“短板”，紧抓数字化转型机遇，借鉴银行间市场实践，建设再保险数字“新基建”并在上海地区开展全面试点。平台借助区块链等数字科技，支持再保险公司间交易数据实时交换、线上签约存证、账务自动清算和资金即时结算，推动机构在数字世界里实现高效互联互通和交易集聚，试点机构再保险交易效率实现指数级跃升，节省相关人力成本近80%。

“一标准”，即区块链再保险行业数据交互标准。上海保险交易所在银保监会保标委领导下，联合行业机构为平台配套建设了全球首个区块链再保险数据交互规范和相应的清结算规则，推出了行业共同认可的再保险标准化合同格式和账单。该数据对接和交互的“通用语言”通过试点得到成功验证，有助于提升我国金融市场规则和数据标准的全球影响力，是保险业高水平制度型开放的典型案例。

第九章　衍生品市场

2021，中国衍生品市场交易金额稳步扩大，品种创新步伐有所加快，投资者数量增多且类型更为丰富，市场运行制度不断完善，对外开放稳妥推进，在国际市场的影响力增强，市场功能进一步发挥，有力支持经济金融部门防范市场风险，更好地服务实体经济。

一、商品期货与期权市场

（一）运行情况

2021年，中国商品期货与期权交易规模大幅增加，成交量和成交金额分别为73.92亿手和463.03万亿元，同比分别增长22.44%和43.76%，成交量占全球商品衍生品的69.79%，较上年的62.99%上升近7个百分点。

分交易所来看，上海期货交易所（以下简称上期所，含上海国际能源交易中心）成交24.46亿手和214.58万亿元，同比分别增长14.90%和40.43%，分别占全国市场的33.09%和46.34%。郑州商品交易所（以下简称郑商所）成交25.82亿手和108万亿元，同比分别增长51.75%和79.73%，分别占全国市场的34.93%和23.32%。大连商品交易所（以下简称大商所）成交23.64亿手和140.5万亿元，同比分别增长7.12%和28.62%，分别占全国市场的31.98%和30.34%。

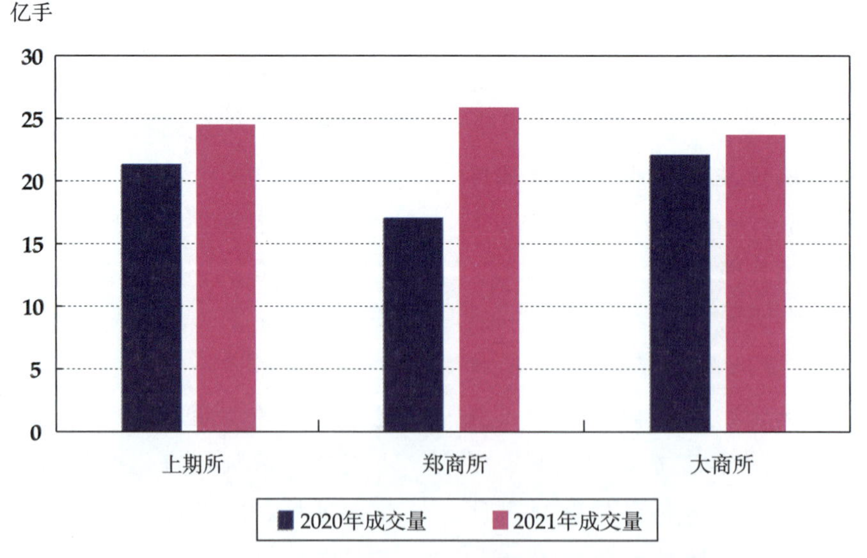

图9-1　2020—2021年中国各期货交易所成交量

（数据来源：中国期货业协会）

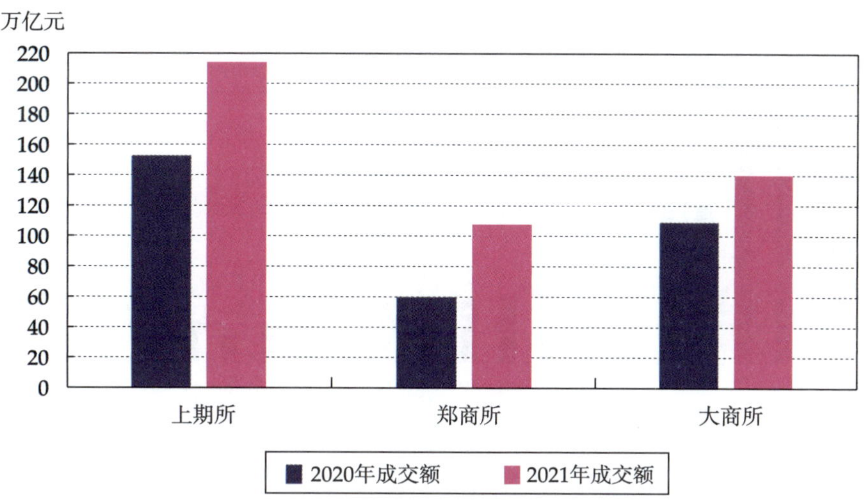

图9-2　2020—2021年中国各期货交易所成交金额

（数据来源：中国期货业协会）

2021年，中国商品期货成交71.77亿手和462.77万亿元，同比分别增长21.06%和43.73%。分类来看，农产品类成交19.63亿手和112.00万亿元，同比分别增长6.70%和32.15%；金属类成交21.56亿手和203.75万亿元，同比分别增长27.62%和35.55%；能源化工类成交30.58亿手和147.02万亿元，同比分别增长27.45%和69.16%。

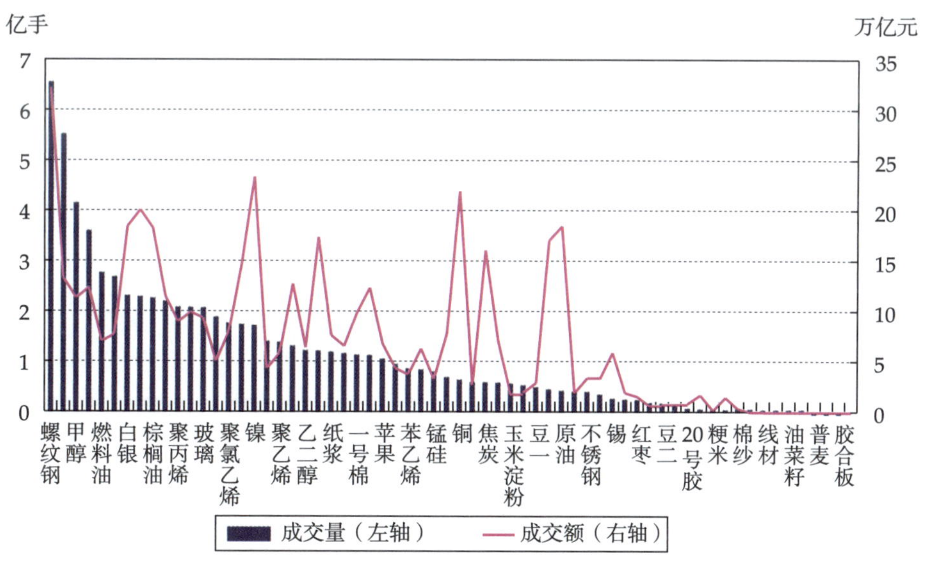

图9-3　2021年中国商品期货品种成交量和成交额

（数据来源：中国期货业协会）

2021年，中国商品期货期权继续快速发展，成交2.15亿手和0.26万亿元，同比分别增长97.27%和134.14%。截至2021年底，共有20个商品期货期权品种上市，较上年末增加2个。

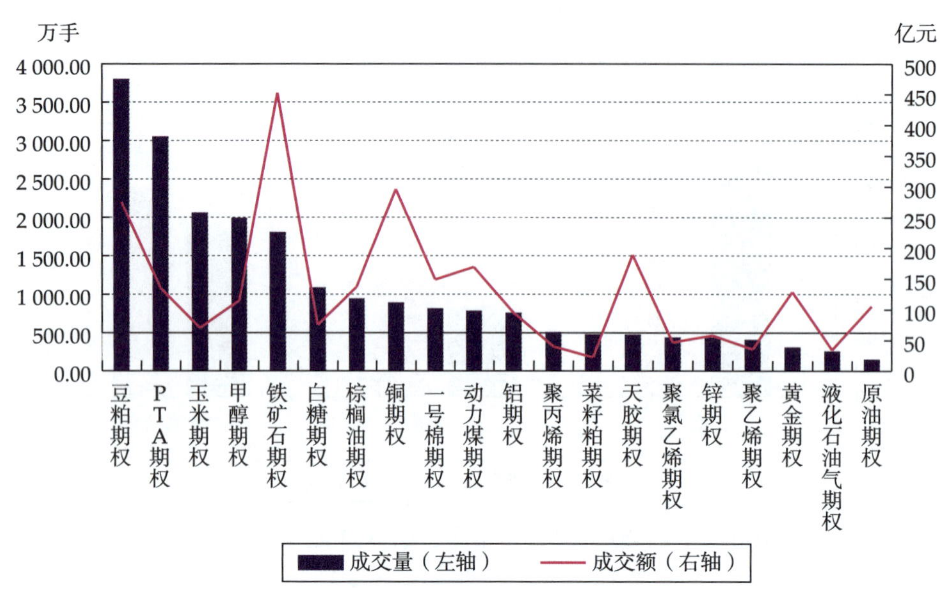

图9-4　2021年中国商品期货期权品种成交量和成交额

（数据来源：中国期货业协会）

2021年，全球场内商品衍生品成交量前五位依次为中国、美国、英国、俄罗斯和印度，合计占全球97.58%的市场份额。2009年至今，中国市场一直是全球最大的场内商品衍生品市场。

表9-1　2021年全球前五位场内商品衍生品市场成交情况

2021年排名	国家	成交量（亿手）	同比增减（%）	市场份额（%）	2020年排名
1	中国	73.92	22.44	69.79	1
2	美国	13.17	-9.36	12.43	2
3	英国	7.19	1.19	6.79	4
4	俄罗斯	7.19	-16.35	6.79	3
5	印度	1.89	-26.70	1.78	5

数据来源：Futures Industry Association。

（二）主要特点

1. 能源化工类期货产品成交金额涨幅最大，金属类期货产品成交量涨幅最大

2021年，能源化工类期货产品成交30.58亿手和147.02万亿元，同比分别增长27.45%和69.16%；农产品类期货产品成交19.63亿手和112.00万亿元，同比分别增长6.70%和32.15%；金属类期货产品成交21.56亿手和203.75万亿元，同比分别增长27.62%和35.55%。

2. 商品期货期权成交量增长迅速，主要品种成交分布更为均衡

2021年，中国商品期货期权成交量和成交金额同比分别增长97.27%和134.14%。成交量排名前三的品种为豆粕期权、PTA期权和玉米期权，全年成交量分别为3 799.28万手、3 052.38万手和2 060.03万手，成交量合计占比为41.45%，较上年成交量前三的期权品种合计占比下降了7.65个百分点；成交金额排名前三的品种为铁矿石期权、铜期权和豆粕期权，全年成交金额分别为452.03亿元、295.67亿元和275.54亿元，成交金额合计占比为38.94%，较上年成交金额排名前三的期权品种合计占比下降了11.22个百分点。

（三）市场创新与制度建设

1. 品种创新持续推进，期货期权产品体系更加完善

2021年，中国商品期货与期货期权市场一共上市了4个品种，包括2个期货品种、2个期权品种。其中，上期所下属上海国际能源交易中心（以下简称上期能源）上市了原油期权，郑商所上市了花生期货，大商所上市了生猪期货和棕榈油期权。

截至2021年末，中国商品期货与期货期权市场上市品种数量达到84个，其中期货64个、期权20个。

2. 持续完善和优化原油期货交易工具

2020年，上期能源成功推出了原油期货结算价交易（Trading at Settlement，TAS）指令。2021年，上期能源进一步开展TAS指令优化，已完成优化方案，主要结合上海原油期货规则及市场现状，（拟）新增TAS升贴水报价功能、延长TAS交易时间，并增加覆盖合约数量。

3. 场外市场建设初见成效，服务实体经济空间不断扩展

2021年，商品期货交易所场外市场建设持续推进，仓单交易、商品互换、基差交易、场外期权等场外业务的品种和模式不断丰富，机构间场外衍生品市场持续扩容。场外衍生品交易报告库成为中国首个获得FSB认证的报告库。

4. 法律法规体系持续完善

2021年1月，证监会修订《期货公司董事、监事和高级管理人员任职资格管理办法》，优化任职管理规定，并进一步明确对相关主体的监管要求；修订《期货交易所管理办法》，完善有价证券作为保证金的规则，并补充了期货交易所中央对手方地位、净额结算制度等内容，回应了境外机构投资者。7月，证监会发布《证券期货违法行为行政处罚办法》，规范证监会及其派出机构的稽查处罚活动，为进一步提升稽查处罚效能提供有力的制度支持。

（四）对外开放

1. 积极开展跨境监管合作

在推进跨境监管合作方面，2021年8月，上期所与泰国期货交易所签署了谅解合作备忘录，为双方后续开展实质性合作奠定了框架基础。11月，郑商所与马来西亚衍生产品交易所签署谅解备忘录，旨在强化双方在衍生品领域的沟通机制与合作关系。

2. 拓展跨境业务

一是原油期货境外参与度持续提高。截至2021年末，上期能源的备案境外中介机构达75家，境外客户分布在亚洲、非洲、欧洲、北美洲、南美洲和大洋洲的20多个国家和地区。二是稳步拓展境外业务。2021年，上期能源低硫燃料油期货境外提货业务顺利落地，初步实现“境内交割+境外提货”，拓展了期货市场服务实体经济跨境经营覆盖面。

3. 期货市场的国际认可度继续提高

2021年，上期所及上期能源获得《期货期权世界》杂志（FOW）亚洲资本市场评选的多项2021年度奖项，包括"年度衍生品交易所"、"年度大宗商品交易所"以及"年度中国交易所"。

（五）发展展望

一是期货行业制度体系将进一步完善。2021年，期货行业法律制定取得突破性进展，《中华人民共和国期货和衍生品法》通过二读，并于2022年4月发布，自8月1日起实施。未来期货市场相关参与主体会以该法的立法框架和原则为指导，完善由部门规章、自律规则等组成的制度体系，夯实市场法治建设基础，提升依法治市能力和水平。二是继续推进新品种研发上市，完善产品序列。以产业链需求为导向，优化存量，做好增量，不断拓展已上市品种相关产业链新品种。研究推进成品油、天然气、碳排放权、新能源金属等期货品种创新工作。推进中证商品指数公司在雄安开业运营，统一编制发布商品指数，增加我国指数产品供给。

二、股票期货与期权市场和国债期货市场

（一）运行情况

1. 股指期货

2021年，沪深300、上证50、中证500三个股指期货产品总成交量为6 673.93万手，同比减少10.42%；总成交金额为90.40万亿元，同比增长1.66%；日均成交量为27.46万手，同比减少10.42%；日均持仓量为54.90万手，同比增长24.86%；日均成交持仓比为0.50，继续处于较低水平。期现货价格相关性高，沪深300、上证50和中证500股指期货主力合约收盘价和对应标的指数收盘价的价格相关系数分别为99.54%、99.86%和99.05%。

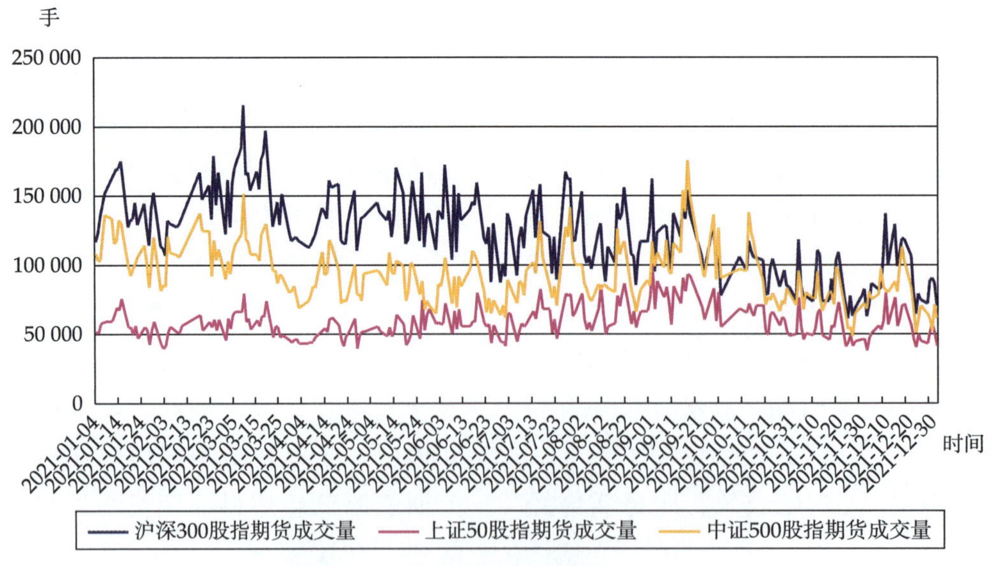

图9-5　2021年股指期货每日成交量

（数据来源：中国金融期货交易所）

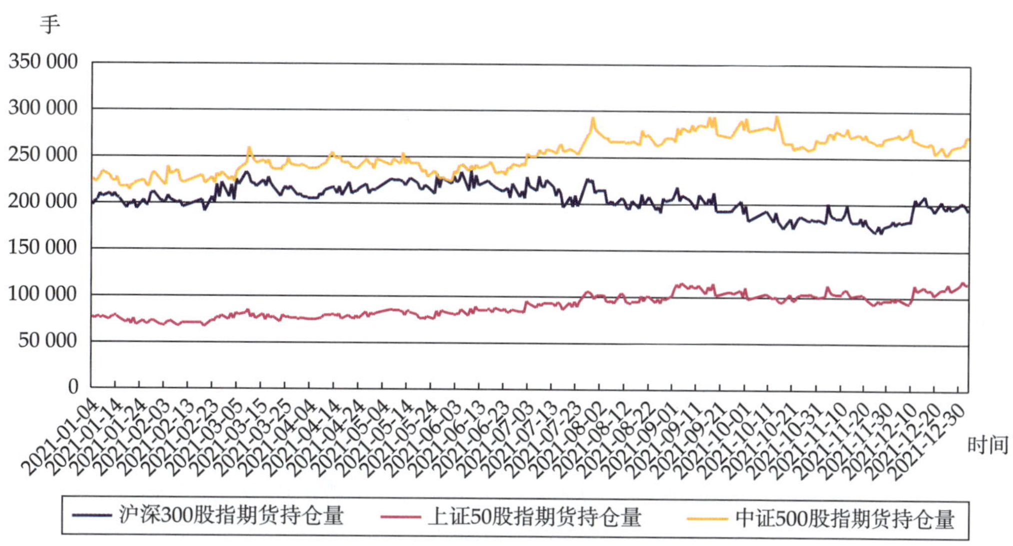

图9-6　2021年股指期货每日持仓量

（数据来源：中国金融期货交易所）

2. 国债期货

2021年，2年期、5年期和10年期三个国债期货产品总成交量为2 505.23万手，总成交金额为27.51万亿元，同比分别增长4.23%、4.34%；日均成交量、日均持仓量分别为10.31万手、24.60万手，同比分别增长4.23%、49.41%；日均成交持仓比为0.42，持续处于较低水平。国债期现货价格联动紧密，2年期、5年期、10年期国债期货主力合约与现货价格相关性分别达到98%、99%和99%以上。2021年，国债期货顺利完成12个合约的交割，共计交割17 714手，平均交割率为2.82%，交割平稳顺畅。

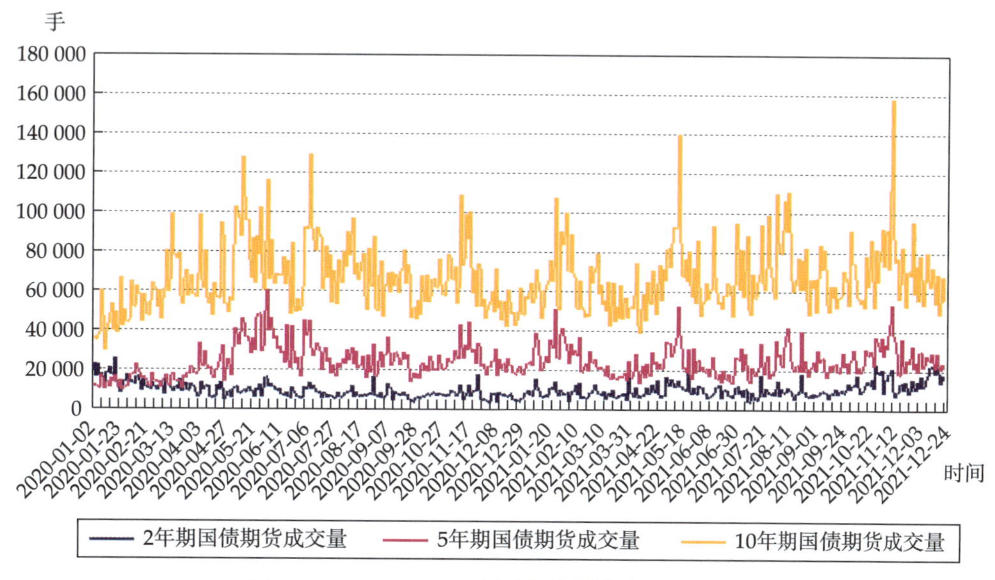

图9-7　2020—2021年国债期货每日成交量

（数据来源：中国金融期货交易所）

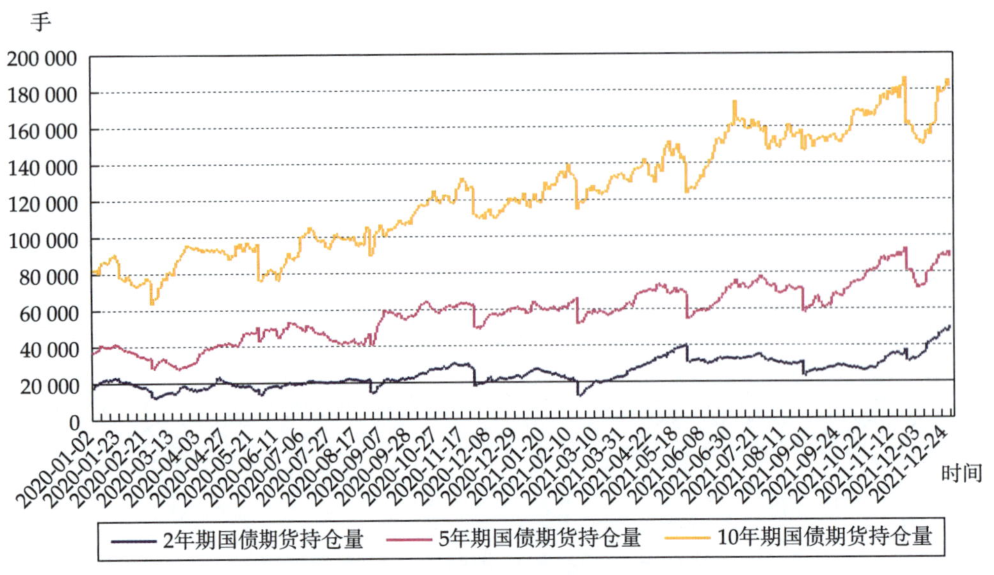

图9-8　2020—2021年国债期货每日持仓量

（数据来源：中国金融期货交易所）

3. 股指期权

2021年，沪深300股指期权产品总成交量为3 024.15万手，累计成交面值15.42万亿元，日均成交面值634.56亿元，权利金总成交金额为2 485.89亿元；日均成交量、日均持仓量分别为12.44万手、17.68万手，同比分别增长80.55%、70.75%；日均成交持仓比为0.70，继续处于较低水平。股指期权产品期现货价格相关性高，沪深300股指期权当月平值合约合成期货价格与沪深300指数收盘价的价格相关系数为99.80%，与沪深300股指期货当月合约收盘价的价格相关系数为99.99%。

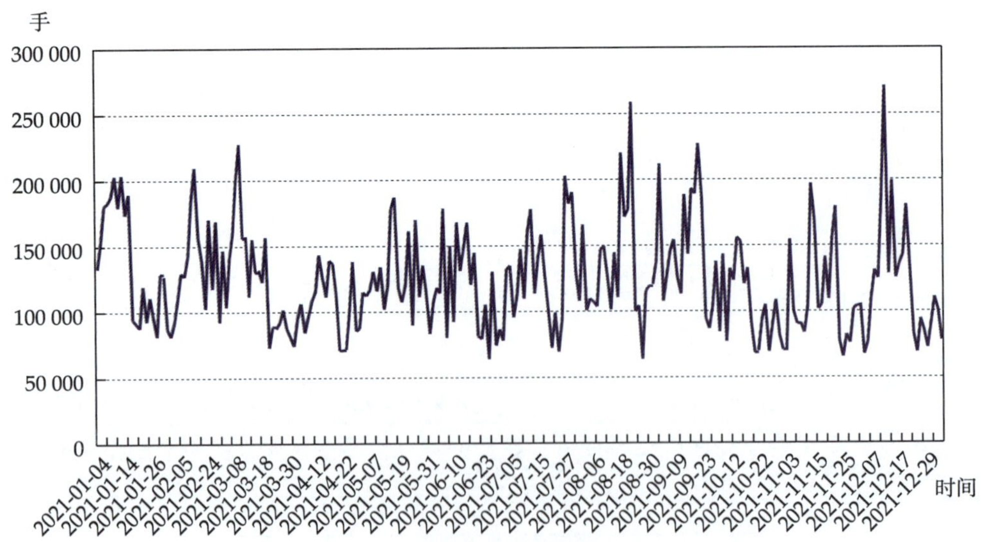

图9-9　2021年沪深300股指期权每日成交量

（数据来源：中国金融期货交易所）

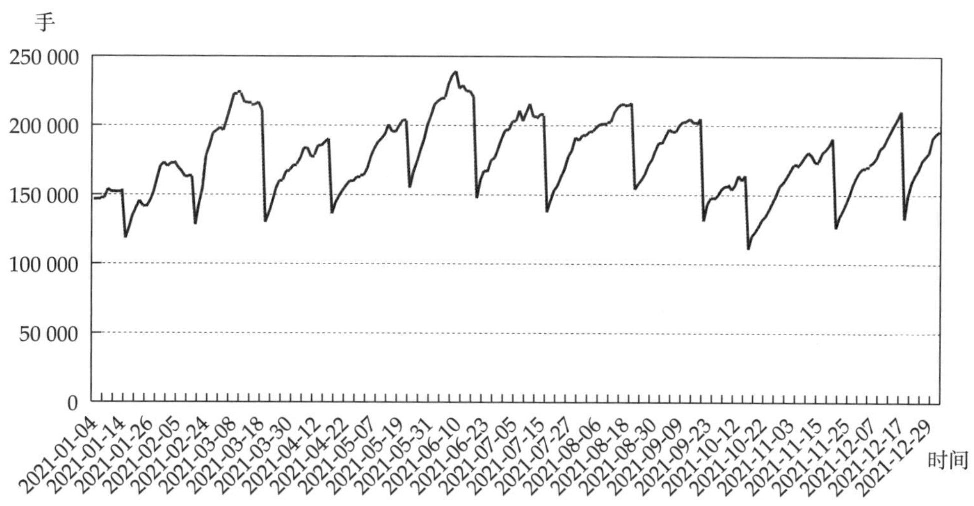

图9-10 2021年沪深300股指期权每日持仓量

（数据来源：中国金融期货交易所）

4. 股票期权市场运行平稳，规模稳步增长

2021年，上交所ETF期权合约累计成交10.97亿张，对应认购期权5.91亿张，认沽期权5.06亿张，日均成交451.60万张，日均持仓500.42万张。累计成交面值46.03万亿元，日均成交面值1 894.32亿元；累计权利金成交8 233.28亿元，日均权利金成交33.88亿元。其中，上证50ETF期权合约全年累计成交6.29亿张，对应认购期权3.46亿张，认沽期权2.83亿张，日均成交258.99万张，单日最大成交556.90万张。年末持仓302.07万张，日均持仓305.10万张，单日最大持仓411.61万张。累计成交面值21.87万亿元，日均成交面值900.08亿元；累计权利金成交3 875.64亿元，日均权利金成交15.95亿元。沪深300ETF期权合约累计成交4.68亿张，对应认购期权2.45亿张，认沽期权2.23亿张，日均成交192.61万张，单日最大成交414.14万张。年末持仓182.44万张，日均持仓195.32万张，单日最大持仓244.20万张。累计成交面值24.16万亿元，日均成交面值994.24亿元；累计权利金成交4 357.64亿元，日均权利金成交17.93亿元。

2021年，深交所沪深300ETF期权合约累计成交0.72亿张，其中认购期权0.39亿张，认沽期权0.33亿张，日均成交29.58万张。年末持仓31.74万张，日均持仓35.69万张。累计成交面值3.70万亿元，日均成交面值152.35亿元；累计权利金成交588.95亿元，日均权利金成交2.42亿元。

（二）主要特点

1. 股指期货与股指期权持仓量创新高，市场的机构化程度有所提升

2021年，股指期货日均持仓量增长超过两成，全市场总持仓量及部分单产品持仓量屡创新高，市场总持仓量于2021年7月28日达到最高值62.34万手，中证500股指期货持仓量于10月12日达到最高值29.65万手，上证50股指期货持仓量于12月29日达到最高值11.90万手。股指期权日均持仓量同比增长超过七成，持仓量最高点为23.88万手。机构投资者参与股指期货市场成交、持仓占比分别为51%、69%，参与股指期权市场成交、持仓占比分别为63%、58%，机构化程度进一步提升。

2. 股指期货与股指期权市场运行平稳，市场功能进一步发挥

2021年，股指期货市场运行指标维持在合理水平，整体运行平稳有序。股指期货成交持仓比为0.50，期现成交比为0.37；股指期权成交持仓比为0.70、期现成交比为0.19，市场交易热度适中。在产品平稳运行的基础上，产品功能进一步发挥。机构投资者使用股指期货与股指期权管理市场风险，用于规避市场下行风险的看跌期权成交量占比为41.72%、持仓量占比为42.76%。

3. 股票期权市场总体风险可控，市场参与较为广泛，期权经济功能逐步发挥

2021年，上交所股票期权市场日均成交持仓比为0.92，日均期现成交比为0.28，投机交易占比为18.71%。2021年，期权市场质量指数平均值为125.62（100以上代表流动性好、定价效率高），市场质量逐步改善；期权市场风险指数平均值为33.99，远低于60这一风险分界数值，显示市场风险小。截至2021年底，上交所期权投资者账户总数为54.24万户，年内新增5.28万户。共有90家证券公司和32家期货公司取得了上交所股票期权交易参与人资格并开通了期权经纪业务交易权限，其中有63家证券公司还开通了期权自营业务交易权限。截至2021年底，上证50ETF期权共有18家做市商，其中，主做市商14家、一般做市商4家。沪深300ETF期权共有17家做市商，其中，主做市商13家、一般做市商4家。随着股票期权市场规模稳步扩大，越来越多的投资者使用股票期权进行保险和增强收益，上交所保险和增强收益的交易占比分别达到了8.84%和51.07%。2021年，市场日均受保市值为315.10亿元，单日受保市值最高达到435.57亿元。

2021年，深交所沪深300ETF期权日均成交持仓比为0.83，日均期现成交比为0.04，投资者交易行为理性。截至2021年底，深交所沪深300ETF期权投资者账户总数为20.1万户，共有89家证券公司和30家期货公司取得了股票期权交易参与人资格，并开通了期权经纪业务交易权限，其中44家证券公司开通了期权自营业务交易权限，共有13家主做市商和5家一般做市商参与做市业务，期权市场运行平稳有序。2021年，深交所沪深300ETF期权保险和增强收益交易占比分别为9.98%和55.74%，日均受保市值为28.64亿元，经济功能稳步发挥。

4. 国债期货市场规模稳步提升，市场功能有效发挥

2021年，国债期货成交量、持仓量增加，均创新高，总成交量于2021年11月19日达到最高值23.39万手，总持仓量于2021年12月30日达到最高值32.46万手。2021年，机构投资者参与度稳步提升，日均持仓占比为88.40%，较2020年提高2.77个百分点。2021年，我国国民经济持续恢复，但面临复杂国际环境、疫情和极端天气等多重挑战，市场机构管理利率风险的需求增大，国债期货市场规模稳健提升，运行平稳有序，在利率债的承销、交易、做市、资产管理等各个环节发挥积极作用。

（三）市场创新、制度与基础设施建设

1. 首批保险机构参与国债期货交易全面落地

为进一步落实证监会、财政部、人民银行、银保监会联合发布的《关于商业银行、保险机构参与中国金融期货交易所国债期货

交易的公告》要求，2021年，中国金融期货交易所（以下简称中金所）在“高标准、稳起步、控风险”原则的指导下，遵循“成熟一家，发展一家”的理念，扎实推进保险机构入市工作，确保机构平稳参与。2021年，首批7家保险机构参与国债期货交易全面落地。入市以来，保险机构整体参与有序，交易审慎稳健，国债期货投资者结构进一步完善。

2. 推出期权做市商双边报价指令机制

为促进期权市场稳定有序健康发展，上交所不断推进期权机制优化工作，2021年2月，上交所推出了期权做市商双边报价指令机制，进一步提升期权做市商报价效率，降低技术资源占用。从总体上看，做市商双边报价指令业务的市场参与情况良好，更好地发挥了做市商市场功能，优化成效显著。

3. 推出交易网关（期权）报盘软件

为了提升交易服务水平，缩短低交易委托延时，提高市场用户体验，2021年3月1日，上交所交易网关报盘软件正式向市场期权经营机构开放运行。作为对现有报盘软件的升级优化，交易网关消除了报盘软件对数据库的依赖，通过消息流的通信方式与市场机构的技术系统进行实时交互。交易网关上线后，有效缩短了市场委托申报延时，同时进一步推动了交易系统报盘软件轻型化、国产化进展。

（四）对外开放

1. 持续深化业务准备，进一步夯实对外开放制度体系

中金所持续研究论证股指期货、国债期货等扩大对外开放的方案，推动合格境外投资者参与股指期权套期保值交易相关准备工作，以满足境外投资者对我国股票、债券市场日益增长的投资和风险管理需求。

2. 深入推进“一带一路”国际化项目发展

2021年，中金所立足于我国资本市场对外开放整体布局，克服新冠肺炎疫情不利影响，夯实巴基斯坦证券交易所及中欧国际交易所“一带一路”国际化项目发展基础，确保境外投资项目平稳有序发展。协助巴基斯坦证券交易所克服疫情影响，进一步夯实巴基斯坦资本市场运行基础，多项基础性运行指标显著改善，全年财务业绩大幅提升。持续支持中欧国际交易所现有业务发展和产品创新，加快推进中德资本市场互联互通合作路径研究论证，深入挖掘两地市场跨境合作潜能。截至2021年12月底，中欧国际交易所共有40只现货产品挂牌交易，包括1只股票、13只ETF、26只债券类产品。

（五）发展展望

一是提升自律监管效能，在资本市场全面深化改革、推动实体经济健康发展和助力国家战略实施等方面，展现新担当、实现新作为，以优异成绩迎接党的二十大胜利召开。二是丰富金融期货和期权产品，拓展ETF期权品种。三是推动境内外合格投资者进入金融期货和期权市场，包括推动更多中长期资金入市，推进股指期货、国债期货等扩大对外开放。四是提升市场效率，完善衍生品交易结算机制，稳步提高交易效率和资金使用效率。五是加强衍生品市场建设，深化参与人服务，强化投资者培育，提升市场服务深度和广度。

三、人民币利率衍生品市场

（一）运行情况

1. 全年交易量继续增长

2021年，利率衍生品市场共计成交25.68万笔、21.5万亿元。其中，利率互换共成交25.2万笔、名义本金总额21.1万亿元，金额同比增长8.0%；年末，利率互换存量合约余额合计25万亿元，较2020年末下降5%。债券远期市场（含标准债券远期）共成交4 405笔、2 614.9亿元。利率期权市场共成交390笔、756.2亿元。

2021年末，FR007_1Y和FR007_5Y的价格分别较年初下降31个基点至2.20%和2.56%，年内波幅分别为54个基点和57个基点，1年与5年的FR007互换的价差主要在30～40个基点区间内震荡。

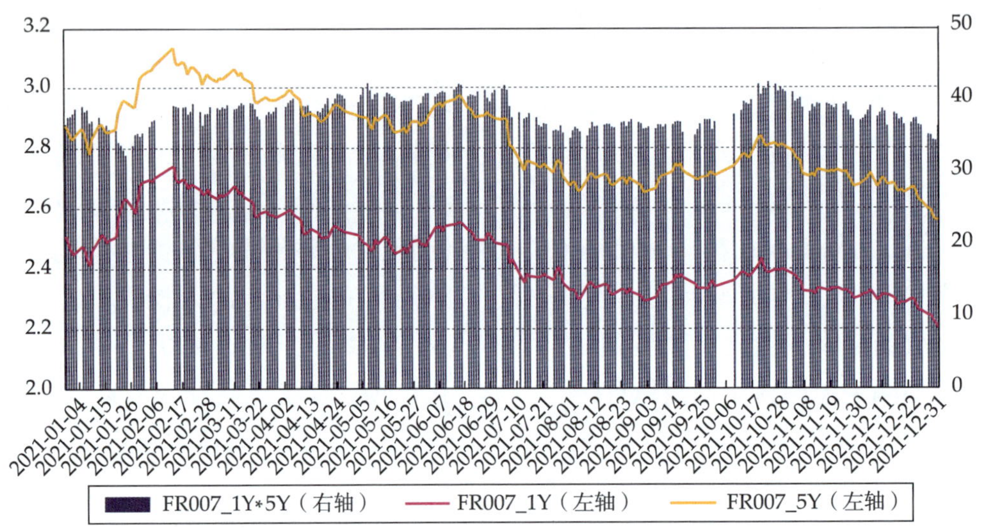

图9-11　FR007互换合约价格走势

（数据来源：中国外汇交易中心）

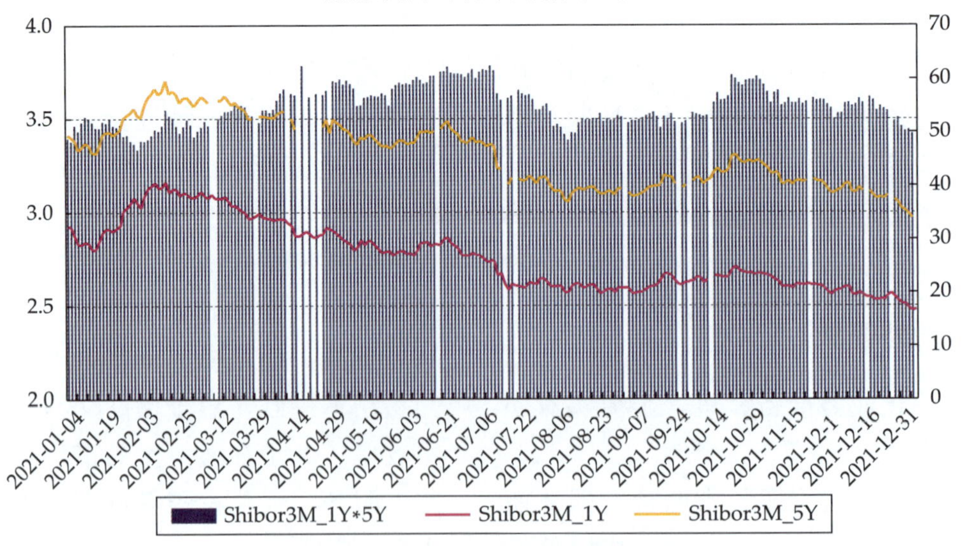

图9-12　Shibor3M互换合约价格走势

（数据来源：中国外汇交易中心）

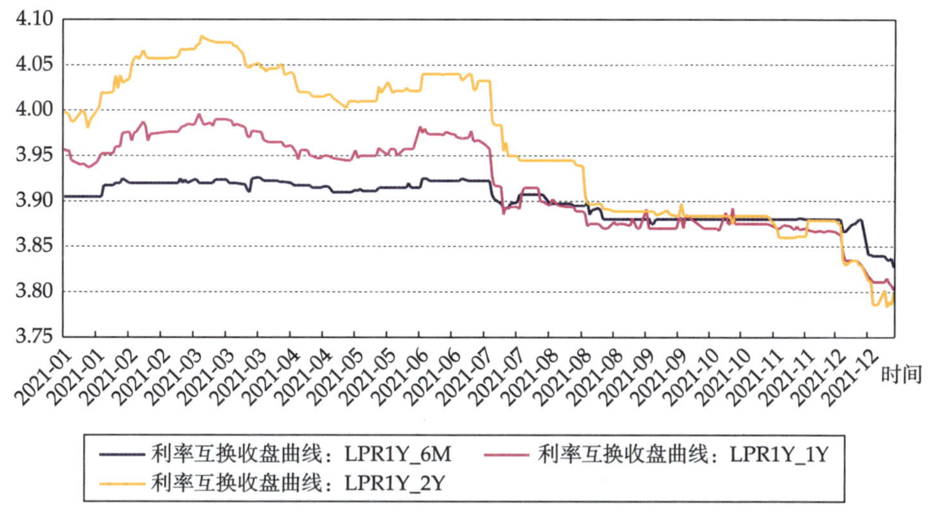

图9-13　LPR1Y利率互换价格走势

（数据来源：中国外汇交易中心）

2. 集中清算量增速快于交易量增速

2021年全年共完成利率互换集中清算25.14万笔，清算金额为20.88万亿元，同比增长9.6%。FR007标的交易清算22.54万笔，清算金额为18.28万亿元；Shibor_3M标的交易清算为2.55万笔，清算金额为2.54万亿元；LPR1Y标的交易清算164笔，清算金额为132.8亿元；Shibor_O/N标的交易清算300笔，清算金额为514亿元。

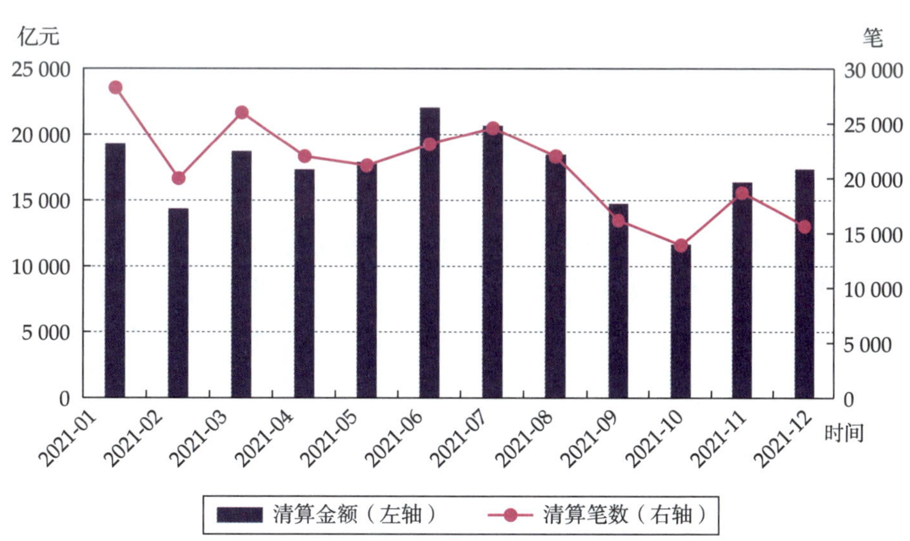

图9-14　2021年利率互换集中清算业务运行情况

（数据来源：上海清算所）

2021年全年共完成标准债券远期集中清算4 404笔，清算金额为2 614.8亿元。按合约类型分类，现金交割合约4 279笔，清算金额为2 580.8亿元；实物交割合约125笔，清算金额为34亿元。按合约标的分类，国开债标的合约2 988笔，清算金额为1 513.4亿元；农发债标的合约1 416笔，清算金额为1 101.4亿元。

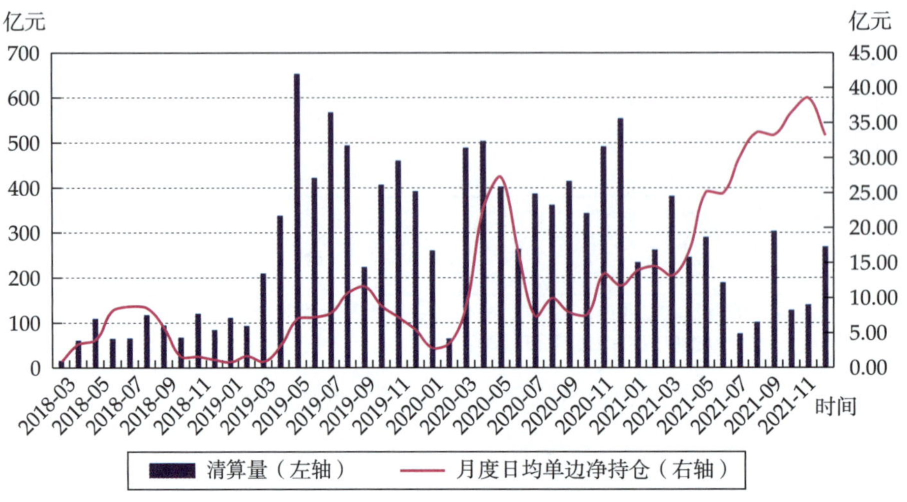

图9-15 2018年以来标准债券远期运行情况

（数据来源：上海清算所）

（二）主要特点

1. 利率互换交易的参考利率集中于FR007，期限集中于1年及以下

利率互换参考利率以FR007和Shibor为主，合计成交量占利率互换总成交量的99.1%。其中，以FR007为标的的利率互换成交18.3万亿元，占交易总量的86.7%；以Shibor为标的的利率互换成交2.6万亿元，占交易总量的12.4%。

2021年，利率互换集中清算业务量稳步增长，短期限合约清算量上升较快。3个月以内、3~6个月、6~9个月和9个月至1年合约分别清算1.34万亿元、9 310亿元、2.3万亿元和2.53万亿元，其中3个月以内合约同比增长21倍。

2021年，标准债券远期市场日均持仓52.5亿元。其中，国开债标的合约日均持仓39.4亿元，农发债标的合约日均持仓13.1亿元，较2020年均大幅增长。中短期限合约占比有所上升。国开债合约主要交易品种——3年期、5年期和10年期国开债合约品种分别成交610.5亿元、626亿元和270.6亿元；农发债合约主要交易品种——5年期和10年期农发债合约品种分别成交785.9亿元和287.7亿元。

2. 参与者范围持续扩大，参与者类型进一步多元化

2021年衍生品市场参与主体进一步丰富。在交易环节，截至2021年底，共有630家机构通过外汇交易中心系统进入利率互换市场，其中产品类参与者占比近五成。标准债券远期市场和利率期权市场分别有83家和124家入市机构，涵盖银行、证券公司和非法人产品等主要机构类型。

在集中清算环节，2021年利率互换集中清算业务参与者数量持续增加，2021年新增参与机构95家。截至2021年末已上线综合清算会员9家、普通清算会员40家、非清算会

员340家，市场参与机构总计389家，包括银行、证券公司、保险公司、财务公司和非法人产品。标准债券远期业务市场参与者扩充至94家，其中综合清算会员6家、普通清算会员45家、客户43家，涵盖国有商业银行、股份制商业银行、城市商业银行、农村商业银行、外资银行、证券公司、非法人产品等各类机构。

3. 价格发现能力提升，风险对冲作用进一步增强

比如，以市场主要品种FR007为标的的利率互换：1—3月，债券市场收益率走高，互换利率于3月初攀升至年内高点；4—6月和债券市场收益率同步震荡走低；7月初，人民银行降准，互换利率破位下行；下半年，债券市场收益率稳步下行，互换利率也稳步下行，年末主要期限利率均收于全年最低点，与现券收益率的相关性较高，及时反映了市场参与者的利率预期。

2021年，利率互换集中清算业务参与机构交易意愿增强，全市场持仓敞口较2020年同比增长13.97%。实时承接全年共达成交易1.46万亿元，参与机构进一步增加，在提高主力合约流动性水平的同时，持续提升交易清算效率，缓解机构授信问题。

图9–16　FR007利率互换与国债收益率走势

（数据来源：中国外汇交易中心）

（三）市场创新

1. 发挥利率衍生品市场功能，助力“30·60”目标实现

一是外汇交易中心积极探索“碳中和债券指数互换”。该产品是指交易一方支付固定利率，对手方支付碳中和指数在合约存续期内的总价值变化。2021年7月26日，国泰君安证券与中金公司在本币交易平台利率互换模块下完成了银行间首笔挂钩CFETS碳中和债券指数的互换交易。“碳中和债券指数互换”可成为市场成员管理碳中和债券风险的新工具，助力机构参与碳中和金融工具交易，优化碳中和债券二级市场定价，发挥金融资源配置作用。

二是外汇交易中心和上海清算所合作，开展国开绿债标准债券合约业务，共同创新推出了2年期国开绿债标准债券远期实物交割合约，促进绿债价格发现。

2. 增加利率衍生品挂钩的利率基准

为拓展基准利率运用，健全基准利率和市场化利率体系，进一步提高利率传导效率，外汇交易中心于2021年3月新增以FDR001、FDR007等基准利率为参考利率的利率期权产品（包括利率互换期权和利率上下限期权）。

3. 推出标准债券远期实物交割机制

为增强现货和远期市场联动，提升标准债券远期市场的套期保值效率和有效性，上海清算所和外汇交易中心于2021年11月推出标准债券远期实物交割机制。首批实物交割合约品种为2年期国开绿债标准债券远期实物交割合约、2年期农发债标准债券远期实物交割合约和7年期农发债标准债券远期实物交割合约，作为现金交割机制的补充，进一步满足市场机构的利率风险管理需求。

4. 推出LPR利率互换集中清算服务

为丰富集中清算利率风险管理工具，满足市场机构对加强风险管理及提高清算效率的需求，2021年11月，外汇交易中心和上海清算所进一步拓展利率互换集中清算品种，正式将期限在3年及以内的LPR1Y利率互换交易纳入集中清算，上海清算所会同外汇交易中心成为全球首家为贷款市场报价利率（LPR）利率互换提供集中清算服务的清算机构。截至2021年末，共清算LPR1Y利率互换164笔，名义本金132.8亿元，参与机构29家。

专栏 LPR利率互换集中清算

为丰富集中清算利率风险管理工具，满足市场机构对加强风险管理及提高清算效率的需求，2021年11月8日，上海清算所会同外汇交易中心进一步拓展利率互换集中清算品种，正式将期限在3年及以内的LPR1Y利率互换交易纳入集中清算，成为全球首家为贷款市场报价利率（LPR）利率互换提供集中清算服务的清算机构。截至2021年底，共清算LPR1Y利率互换164笔，名义本金132.8亿元，参与机构29家。

LPR具有按月公布等特殊属性，常规估值方法会产生估值偏差，市场上没有统一公允的估值方法可供参考。因此，LPR利率互换的估值定价及风险管理一直是市场参与者面临的主要难点，也成为制约交易规模进一步扩大的重要因素。自2019年人民银行改革完善LPR形成机制后，上海清算所及时开展了LPR利率互换集中清算业务的研发工作，形成曲线构造、公允估值与风控方案。

LPR利率互换成功纳入集中清算业务，有助于提高利率衍生品市场的透明度，加强衍生品交易风险监控，同时有效降低参与者成本，提高保证金使用效率。业务的推出将进一步活跃LPR相关资产交易，进而发挥衍生品价格发现作用，提高货币政策传导效率，更好地发挥LPR在市场资源配置中的引导作用。

（四）对外开放

1. 境外机构参与境内利率衍生品市场规模稳步上升

2021年，境外机构在银行间利率衍生品市场成交1 318.66亿元人民币（全部为利率互换），同比增长191.11%。利率互换成交规模在境外机构全部成交量中的占比由2020年的0.42%提升至2021年的0.86%。境外其他资产管理机构的产品是最主要的成交力量，全年成交854.5亿元人民币，占比为64.8%。全年境外参与者共在境内集中清算人民币利率互换合约1 074.66亿元，同比增长283.25%，全年新增境外参与者5家，为银行间利率衍生品市场注入了新的活力。

2. 研究探索推动境外机构参与利率互换清算业务

一是成功引入多家境外投资者通过签署ISDA主协议或NAFMII主协议入市交易并参与利率互换集中清算业务，进一步丰富参与者主体，摸索出一套境外机构通过结算代理人参与利率互换集中清算的业务模式。二是研究境外央行类机构通过人民银行上海总部进行代理操作参与利率互换集中清算业务，草拟业务方案，并向人民银行上海总部及时汇报工作进展，根据上海总部要求及时完善方案。三是探索境内外金融基础设施互联互通业务模式，研究国际互换产品交易清算经验、境内外监管及法律法规相关规则，梳理并推动解决境外投资者遇到的障碍和问题，促进境内外金融市场间的务实合作，助力金融市场高质量开放。

（五）发展展望

一是完善法律法规对衍生品市场核心交易机制（如单一协议、终止净额、履约保障等）的制度支持。二是加强顶层设计，理顺规则体系，为完善衍生品业务风险控制、跨境监管、自律管理等提供法制保障。三是根据人民银行部署推进“互换通”业务。四是研究进一步丰富利率衍生品类型，助力绿色金融、碳相关金融产品及市场发展。五是研究拓展产品期限，满足长周期投资者管控利率风险的需求。

四、人民币信用衍生品市场

（一）运行情况与特点

1. 银行间市场信用缓释工具运行情况

第一，2021年人民币信用衍生品（CRM）市场规模显著增长。全年共达成交易235笔，名义本金总计366.7亿元，同比增长100.0%。其中，凭证类产品共达成交易150笔，名义本金合计297.7亿元，同比增长99.6%；合约类产品共达成交易85笔，名义本金合计69.1亿元，同比增长101.2%。

截至2021年底，CRM各品种存续200笔，名义本金总计422.4亿元，同比增长89.7%。其中，凭证类产品存续165笔，名义本金总计370.9亿元，同比增长90.6%；合约类产品存续35笔，名义本金总计51.6亿元，同比增长83.4%。

第二，信用缓释凭证（CRMW）持续支持债券发行。2021年，CRMW创设147笔，名义本金总计295.2亿元，同比增长99.2%，累计支持616.8亿元债券发行，同比增长69.4%，平均认购倍数为2.64，高于2020年的2.43。二级交易全年成交168笔，名义本金46.3亿元，同比增长85.0%。

一是非民企参考实体规模快速上升。挂钩非民企债券的CRMW共81只，占比为55%，名义本金162.3亿元，同比增长178.3%，累计支持347.6亿元债券发行。挂钩民企债券的CRMW共66只，占比为45%，名义本金132.9亿元，同比增长70.5%，累计支持269.2亿元债券发行。

二是参考实体评级下沉，创设期限显著拉长。CRMW挂钩实体中AA级占比为46.9%，同比提升13.6个百分点；AA+级、AAA级占比分别为34.7%和10.9%，同比分别下降15.3个和5.8个百分点。3年期及以上的CRMW占比为34.7%，同比上升33.5个百分点；1年期以内CRMW占比为36.7%，同比下降28.7个百分点。

三是参考实体地域和行业相对集中。CRMW参考实体涉及18个省份，较2020年多4个，其中江浙沪占比合计约58.5%。参考实体行业以制造业和基础设施投融资类为主，占比分别为37.6%和35.5%。

第三，参与者类型进一步丰富。2021年，新增CRM核心交易商4家、一般交易商15家。截至2021年末，CRM市场参与者合计124家，包括CRM核心交易商64家、一般交易商60家。在此基础上，2021年新增CRMW创设机构和CLN创设机构各3家。截至2021年末，CRMW创设机构55家，CLN创设机构51家。

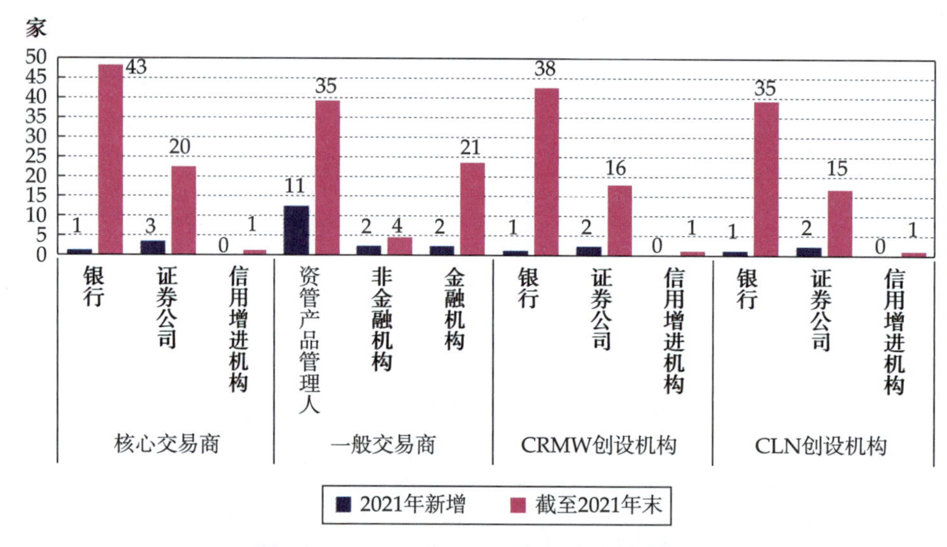

图9-17　2021年CRM市场参与者情况

（资料来源：中国银行间市场交易商协会）

2. 交易所信用保护凭证和信用保护合约运行情况

上交所于2018年11月推出信用保护工具试点。截至2021年底，上交所已实现41只凭证创设，涉及名义本金26.46亿元，累计支持债券发行156.85亿元；已实现134只合约创设，涉及名义本金70.58亿元，累计支持债券发行245.6亿元；已有21家机构成为上交所市场凭证创设机构。

深交所分别于2018年11月和2020年10月推出信用保护合约和信用保护凭证业务试点。截至2021年底，深交所累计发行信用保护工具名义本金41.69亿元，支持企业融资319.90亿元；累计有20家机构完成核心交易商备案、11家机构完成创设机构备案。

（二）市场创新

1. 发布《关于银行间市场信用违约互换指数编制及交易有关事项的通知（试行）》

2021年4月，交易商协会发布《关于银行间市场信用违约互换指数编制及交易有关事项的通知（试行）》，从编制方法、质量控制、利益冲突管理、信息披露职责等方面规范指数编制行为，并鼓励探索与指数产品属性相适应的风控措施，促进指数交易应用。

2. 推出CDS指数交易清算业务

2021年4月，上海清算所与外汇交易中心共同推出CDS指数交易清算业务，上海清算所为CDS指数提供逐笔清算服务。全年CDS指数交易清算40笔，名义本金7.95亿元，占全市场CDS交易金额的21.9%。CDS指数交易清算业务强化了CDS指数信用风险定价功能，有效提高了市场透明度，为纳入CDS指数的优质实体企业提供更为精准的市场定价，提升融资效率。

3. 发布民企和区域CDS指数

2021年4月，上海清算所与外汇交易中心推出民企CDS指数，按照一定规则筛选出25个具有较好流动性的民企，搭建民企信用风险价格风向标。9月，上海清算所、外汇交易中心和中债资信联合推出长三角区域CDS指数，按照一定规则筛选出25个具有中债资信A+级及以上评级且流动性较好的长三角区域企业。CDS指数的创新发展，有助于我国信用衍生品市场持续完善，进一步强化信用风险合理定价，推动实体企业融资和金融服务实体经济。

4. 推出债券冲抵信用衍生品交易保证金担保品管理服务

2021年11月，市场机构在双边清算的CDS指数交易中首次使用上海清算所托管债券作为担保品，上海清算所发挥“衍生品清算+债券托管”双基础设施联动优势，提供CDS指数逐笔清算服务及担保品管理服务。这是我国市场首次在信用衍生品交易中引入债券作为担保品，有助于降低交易对手资金占用，提高持有债券的利用率，盘活存量优质资产。

5. 优化凭证类产品运行机制

为进一步增强CRMW支持债券发行效能，交易商协会会同上海清算所不断完善“CRMW创设+债券发行”联动模式，提升支持实体经济融资效能。简化创设备案流程，实现CRMW创设信息披露与备案同步，便利市场成员更为灵活地选择创设时机，通过强化信息披露、加强事中事后管理、引入线上集中信息披露模式等方式规范市场行为，提升操作便利性。此外，支持创设主体选择超额预配售CRMW，吸引更多投资者参与债券认购，促进债券投标充分竞争。

6. 交易所市场拓宽信用保护工具应用范围

为发挥交易所债券市场支持企业融资作用，深沪交易所配合中国结算于2021年3月底推出受信用保护债券质押式回购业务，允许主体AA+级以上信用债搭配信用保护凭证入库。2021年7月，上交所发布施行新修订的《上海证券交易所信用保护工具交易业务指南》，允许相关机构基于存量债券创设信用保护凭证，同时允许投资者在买入信用保护工具时无须持有基础债券。截至2021年底，深交所已有多单发行人的债券产品通过配套发行信用保护凭证成功入库，凭证名义本金1.30亿元，撬动企业融资18.60亿元。

（三）发展展望

2022年，人民币信用衍生品市场将创

新服务供给，立足行业、区域实际或热点问题，持续扩充具有典型性和实际需求的CDS指数产品；完善市场基础设施建设，加强金融科技运用，推动凭证类CRM产品创设等核心环节线上化；提高对外开放水平，推动信用衍生品市场逐步向境外机构开放；拓展多样化参与主体；强化风险定价与价格发现功能，提高清算服务水平，服务实体经济发展；完善信用事件核心处置环节，加快专业、高效的市场化处置机制供给。

五、汇率衍生品市场

（一）运行情况

2021年，人民币汇率衍生品市场平稳增长，全年累计成交21.3万亿美元，日均成交878亿美元，同比增长25%。其中掉期、期权、远期和货币掉期日均分别成交836亿美元、37亿美元、4亿美元和1亿美元，同比分别上升24%、58%、4%和58%。全年人民币汇率衍生品交易规模占人民币外汇市场成交总量的68%，同比提升1个百分点。

2021年，外币对衍生品市场快速增长，成为银行间外汇市场重要增长源之一。全年外币对衍生品市场累计成交1.3万亿美元，日均成交52亿美元，同比增长1.1倍。

（二）主要特点

1. 外汇撮合市场快速发展

外汇市场C-Trade交易量占比增至60%，成交笔数占比增至77%，接口开通机构增长50%，通过交易接口达成的交易增长2倍。掉期撮合占比创新高。

2. 短期掉期点相对平稳，中长期掉期点随中美利差波动

2021年，1个月及以上中长期掉期点随境内本外币流动性和中美利差的变化而波动，年内总体呈现先涨后跌的走势。年初，中美利差回升推动各期限掉期点均有所走高，长期限掉期点波动更为剧烈。此后，随着市场对美联储货币政策正常化预期升温，美债收益率上涨，人民币与美元利差回落，掉期点相应下跌。第四季度以后，随着美联储缩减购债规模以及加息预期的持续强化，中长期掉期点加速下跌。年末，隔夜和1年掉期点分别收于4.1个和1 494个基点，较上年末分别下跌0.7个和上涨63个基点。

3. 期权隐含波动率稳中有降，市场汇率预期总体平稳

2021年，人民币对美元期权各期限波动率上半年均呈现窄幅波动趋势，下半年则普遍下行。全年汇率波动预期进一步保持稳定，基本未出现脉冲式升降，市场高风险事件较上年大幅减少。从期权波动率微笑曲线来看，市场多空情绪受年内风险事件影响起伏，25Delta风险逆转期权（RR）隐含波动率年内峰值仍低于历史高位，汇率预期较为稳定。

（三）市场创新

1. 助力外币基准利率转换和衔接，增加衍生品挂钩利率基准

外汇交易中心在货币掉期交易中引入回购定盘利率FDR007和FDR001，丰富汇率衍生品浮动利率基准指标，同时进一步扩大DR应用范围，提高其市场认可度和影响力；落地外币浮动利率拆借交易，支持交易双方以基准浮动利率为价格标的进行外币融资，对冲

对客贷款等业务的利率风险，提高流动性管理水平；推出挂钩LIBOR的货币掉期等汇率衍生品存续交易转换服务，以及息差调整、交易冲销和估值等配套支持，支持会员线上化完成存续交易管理，助力银行间汇率衍生品的平稳衔接。

2. 推出IBOR后备机制标准文本

2021年7月，交易商协会联合国际掉期与衍生工具协会（ISDA）发布NAFMII主协议IBOR后备机制标准文本，即《〈中国银行间市场金融衍生产品交易主协议（2009年版）〉IBOR后备机制标准补充协议》和《中国银行间市场金融衍生产品交易IBOR后备机制手册》，积极落实国际基准利率改革共识，有效应对伦敦银行间同业拆借利率（LIBOR）退出市场，帮助境内机构平稳做好衍生品国际基准利率转换工作。

六、场外大宗商品衍生品市场

（一）运行情况与特点

2021年，上海清算所大宗商品衍生品中央对手清算业务覆盖航运、黑色、有色、能源、化工、碳排放六大行业20项产品。全年清算合约5.78万张，同比增长88.13%；全年清算金额为261.90亿元，同比增长210.6%。从业务结构看，主要集中在化工类衍生品，占总清算量的99.1%。截至2021年底，上海清算所大宗商品衍生品中央对手清算业务共有综合清算会员7家、普通清算会员7家。

（二）市场创新

1. 推出大宗商品清算通业务

2021年，上海清算所推出大宗商品清算通业务，通过对接符合国家及各地方政府相关规定的大宗商品现货平台，会同商业银行为实体企业的大宗商品现货交易提供大额实时、跨行跨境、规范高效的资金清算结算服务。截至2021年底，累计引入3家现货平台、10家现货清算成员，与城银清算实现互联互通并推出集中接入服务，累计承接5.64笔大宗商品现货交易，清算金额为2 395.97亿元，交割数量为4 294.16万吨，服务分布在全国30个省份的2 110家实体企业，其中中小微民营企业占90%以上。该业务的推出是上海清算所主动突破金融支持瓶颈、精准支持实体经济发展的重要实践。

2. 积极服务碳市场建设

2021年，上海清算所主动服务全国碳排放权市场并发布市场首批全国碳排放权交易市场价格指数，为市场参与者交易碳排放配额提供了公允透明的价格参考，助力发挥市场价格发现功能，促进环境资源的优化配置。同时，上海清算所正与试点碳排放权市场合作研发碳配额跨境人民币清算业务，主动针对我国碳排放权市场运行机制及热点议题向相关监管部门建言献策，并探索深化对全国及试点碳市场的服务，助力“双碳”目标实现。

3. 持续丰富衍生产品序列

2021年，上海清算所推出人民币纯苯、对二甲苯（PX）、精对苯二甲酸（PTA）掉期中央对手清算业务，进一步完善上海清算所在化工产业链的布局。这些产品是以现金交割、人民币计价清算结算的场外大宗商品衍生品，填补了国内纯苯、PX衍生品市场空白，是相关产业链实体企业管理价格风险的重要工具。

（三）发展展望

2022年，场外大宗商品衍生品市场将继续建设完善服务于实体企业风险管理、套期保值、融资和定价需求的境内外连接、期现联动的大宗商品综合服务体系；稳步拓展服务范围和产品种类，稳妥有序拓展大宗商品清算通业务对接现货平台范围，逐步覆盖能源化工、有色金属、农产品、碳排放等行业；积极推进跨境人民币清算结算、供应链金融信息服务等创新服务落地。同时，继续发挥金融基础设施职能，积极推进与全国碳排放权交易注册登记系统运营机构的合作。

专题七　拓展期现联动“朋友圈”，天胶国际影响力再提升

“上海价格”在国际金融市场广泛使用，“上海胶”的价格影响力不断提升。2021年12月7日，由上期所主办的“期货市场服务天然橡胶产业高质量发展研讨会暨20号胶贸易定价期现合作活动”在山东青岛成功举行。20号胶贸易定价期现合作“朋友圈”进一步扩大，从2020年的6家扩充至15家，包含联润橡胶、诗董橡胶、合盛农业集团、广垦橡胶世界前四大天然橡胶生产企业，赛轮轮胎、青岛双星轮胎、风神轮胎、森麒麟轮胎四家国内前十大轮胎企业。通过持续拓展期现联动“朋友圈”，上海天然橡胶期货市场的国际影响力跨越式提升。

长协贸易方面，2021年8月，广垦橡胶的泰国工厂与境内某贸易企业签订以上海20号胶期货作为定价基准的长协跨境贸易合同。这是20号胶期货价格首次用于跨境贸易长协合同定价，标志着“上海胶”在国际影响力提升方面再上一个台阶。现货贸易方面，据产业反馈，20号胶期货已成为境内企业开展现货贸易的点价基准；据不完全统计，2020—2021年采用20号胶期货价格的现货结算量累计超过5万吨。

同时，“保税交割+中欧班列”打通国际大宗商品贸易新通道，开辟了“东南亚—中国青岛—欧洲”的天然橡胶国际贸易新流向。企业通过保税交割获得产自印度尼西亚、泰国和马来西亚的20号胶货源，复出口至波兰、德国等国家。20号胶期货经保税交割后成功将我国期货市场资源配置功能与价格影响力的辐射范围拓展至东南亚和欧洲，不仅为稳定全球橡胶产业链作出贡献，也为“一带一路”沿线国家抗击疫情、保障民生、恢复经济注入新动力，更将上海20号胶价格推向全球，提升了我国天然橡胶市场的国际影响力。

专题八 上海清算所大宗商品集中清算业务助力实体经济高质量发展

一、大宗商品清算通破解实体企业“急难愁盼”问题

大宗商品清算通业务是指，上海清算所通过对接合规、优质大宗商品现货平台，会同现货清算成员为实体企业的大宗商品现货交易提供大额实时、跨行跨境、规范高效的资金清算结算服务。

为策应区域经济发展、“双碳”目标等国家战略落地，上海清算所精准聚焦中小微等实体经济“急难愁盼”问题，充分发挥金融基础设施的重要作用，于2021年3月推出大宗商品清算通业务。

针对大宗商品现货交易链条长、环节多的特点，上海清算所整合现货平台、交收仓库、银行等优势资源，突破传统的结算银行模式，打造专属集中清算机制，创新构建基于企业实体账户的安全便捷、实时同步、规范高效的现货交割与货款支付环境，显著提高业务效率，破解中小微等实体企业长期面临的交收效率低、跨行结算难度大等痛点。

自推出以来，大宗商品清算通业务受到各地政府和市场机构的高度认可和支持，已对接江苏张家港、上海临港新片区、山东青岛自贸片区等地现货平台，在化工行业形成实践范例并拓展至有色金属、橡胶行业，同时引入工行、建行、交行、浦发银行、华夏银行、中信银行等国有及大型股份制商业银行和上海银行、江苏银行、南京银行、宁波银行等城市商业银行为实体企业提供服务。截至2021年底，大宗商品清算通业务月均清算金额增速接近50%，业务发展进入快车道。后续，上海清算所还将积极对接位于粤港澳大湾区的广州碳排放交易所等现货平台，服务促进“双碳”目标的达成，同时着力引入更多银行参与业务。

二、赋能碳市场，创新服务绿色发展

2017年1月，上海清算所联合上海环境能源交易所推出了我国迄今为止首个也是唯一采取中央对手清算模式、符合国际金融市场惯例的标准化碳金融衍生品——上海碳配额远期中央对手清算业务。2021年以来，为完整、准确、全面贯彻新发展理念，有序推进“双碳”目标的实现，落实人民银行关于完善绿色金融政策框架和激励机制、全力支持碳市场建设发展等相关工作安排，上海清算所基于前期业务基础，坚持创新驱动，进一步深化碳金融工作布局，强化金融赋能实体经济绿色发展。上海清算所主动与全国碳排放权交易注册登记系统运营机构（中碳登）等基础设施对接，于2021年7月推出全国首只碳排放权交易市场价格指数——中国碳排放权配额现货挂牌协议价格指数，并探索深化对全国碳市场的服务；在粤港澳大湾区政策支持下联合广州碳排放权交易中心研发碳配额跨境人民币清算服务，助推粤港澳大湾区碳市场建设，以碳金融创新为我国碳市场国际化发展铺桥筑路；有序开展以中国核证自愿减排量（CCER）等其他重要碳资产为标的的碳金融产品研究，适时推广碳金融衍生品中央对手清算业务模式，并逐步探索覆盖更多绿色资产类型，助力碳市场多层次市场格局构建，完善价格发现与资源配置功能。

附录一　2021年中国金融市场发展大事记

1月4日，中国人民银行会同发展改革委、商务部、国资委、银保监会、外汇局联合发布《关于进一步优化跨境人民币政策 支持稳外贸稳外资的通知》，进一步完善人民币跨境投融资、交易结算等基础性制度。

1月5日，中国人民银行、外汇局发布《关于调整境内企业境外放款宏观审慎调节系数的通知》，将境内企业境外放款的宏观审慎调节系数由0.3调至0.5。

1月7日，中国人民银行、外汇局发布通知，决定将企业跨境融资宏观审慎调节参数由1.25下调至1。

1月8日，中国外汇交易中心发布《银行间外汇市场尝试做市机构指引》等制度文件，改革银行间外汇市场做市商制度，进一步完善外汇市场价格发现机制。

1月13日，银保监会、中国人民银行发布《关于规范商业银行通过互联网开展个人存款业务有关事项的通知》，明确商业银行不得通过非自营网络平台开展定期存款等业务。

1月15日，银保监会公布《保险公司偿付能力管理规定》。

1月22日，经国务院同意，证监会正式批准设立广州期货交易所。

1月22日，全国银行间同业拆借中心、上海票据交易所、银行间市场清算所联合发布《标准化票据存托协议（2020年版）》。

1月27日，上海黄金交易所发布《上海黄金交易所国际会员管理实施细则（2021年修订）》。

1月28日，上海票据交易所发布《上海票据交易所供应链票据平台接入规则（试行）》。

2月1日，《互联网保险业务监管办法》正式实施，规范互联网保险业务，有效防范风险，保护消费者合法权益，提升保险业服务实体经济和社会民生的水平。

2月5日，中国人民银行和与银保监会、证监会、外汇局、香港金管局、香港证监会、澳门金管局签署“跨境理财通”谅解备忘录。

2月5日，证监会批准深圳证券交易所主板和中小板合并。

3月1日，《非银行支付机构客户备付金存管办法》正式施行，规范了备付金集中交存后的客户备付金集中存管业务。

3月16日，银保监会等四部门发布《关于深入扎实做好过渡期脱贫人口小额信贷工作的通知》。

3月18日，证监会审议通过《关于修改〈证券公司股权管理规定〉的决定》，自2021年4月18日起施行。

3月26日，上海黄金交易所公布银行间黄金询价业务即期品种准入机构、黄金拆借品种参与机构、银行间黄金询价业务掉期品种准入机构和银行间黄金询价业务远期品种准入机构名单。

3月27日，银保监会发布《商业银行负债质量管理办法》，在负债与资产匹配合理性等六个方面明确负债质量管理核心要素。

3月30日，中国人民银行会同银保监会、财政部、发展改革委、工业和信息化部印发《关于进一步延长普惠小微企业贷款延期还本付息政策和信用贷款支持政策实施期限有关事宜的通知》，将普惠小微企业贷款延期还本付息政策和普惠小微企业信用贷款支持政策的实施期限进一步延长至2021年底。

3月31日，中国人民银行发布《金融控股公司董事、监事、高级管理人员任职备案管理暂行规定》。

3月31日，中国人民银行发布公告，明确所有贷款产品均应明示贷款年化利率。

4月6日，中国银行间市场交易商协会发布《银行间债券市场非金融企业债务融资工具存续期风险管理工作指南》。

4月9日，中国人民银行、银保监会、证监会、外汇局发布《关于金融支持海南全面深化改革开放的意见》，支持海南在住房租赁领域发展房地产投资信托基金(REITs)，鼓励银行业金融机构创新金融产品和服务，支持住房租赁市场规范发展。

4月15日，全市场首批4只ESG ETF获批，浦银安盛基金、鹏华基金、富国基金拔得头筹。其中，富国基金有两只产品获批。

4月16日，证监会、上海证券交易所分别发布修订后的《科创属性评价指引（试行）》《上海证券交易所科创板企业发行上市申报及推荐暂行规定》，进一步明确了科创板支持方向、行业领域、科创属性指标等科创属性要求。

4月16日，上海证券交易所发布《上海证券交易所科创板企业发行上市申报及推荐暂行规定（2021年4月修订）》，限制金融科技、模式创新企业在科创板发行上市，禁止房地产和主要从事金融、投资类业务的企业在科创板发行上市。

4月17日，中国人民银行印发《金融机构反洗钱和反恐怖融资监督管理办法》。

4月22日，中国人民银行、发展改革委、证监会印发《绿色债券支持项目目录（2021年版）》。

4月28日，银保监会颁布《银行保险机构许可证管理办法》，该办法自7月1日起施行。

5月14日，首批5单基础设施公募REITs项目获上海证券交易所审核通过。

5月17日，银保监会印发《保险公司城乡居民大病保险业务管理办法》，明确保险公司总公司开展大病保险业务，注册资本不低于20亿元或近3年内净资产均不低于50亿元。

5月27日，中国人民银行发布《银行业金融机构绿色金融评价方案》，绿色金融评价结果纳入金融机构评级等央行政策和审慎管理工具。

5月28日，银保监会发布《理财公司理财产品销售管理暂行办法》，将理财产品销售机构主要框定在“银行业金融机构”范围内，暂时将互联网平台等排除在外；同时进一步完善禁止性规定，防止变相宣传预期收益率。

6月9日，银保监会发布《银行保险机构恢复和处置计划实施暂行办法》，调整后表内外资产达到3 000亿元及以上的存款类金融机构以及金融资产管理公司、金融租赁公司，表内总资产达到2000亿元及以上的保险（控股）集团和保险公司均应制订恢复和处置计划。

6月15日，中国人民银行上调金融机构外汇存款准备金率2个百分点，由5%提高到7%。

6月17日，上海证券交易所发布公募

REITs存续业务指南。

6月18日，CFETS债券承分销全流程服务上线，银行间市场首次实现线上化债券分销确认。

6月19日，证监会修订发布《证券市场禁入规定》，并于7月19日开始实施。新规将市场禁入分为“身份类禁入”和“交易类禁入”两类。

6月19日，贝莱德基金管理有限公司在沪开业，成为全国首家获批开业的外资独资公募基金管理公司。

6月21日，原油期权挂牌交易，为我国首批以人民币计价并向境外投资者全面开放的期权产品。

7月1日，全国银行间同业拆借中心发布CFETS绿色债券指数和CFETS碳中和债券指数，完成银行间首笔挂钩CFETS碳中和债券指数的互换交易。

7月15日，中国人民银行下调金融机构存款准备金率0.5个百分点（不含已执行5%存款准备金率的机构）。

7月16日，全国碳市场启动迎“开门红”。全国碳排放权交易市场首日开盘价48元/吨，最高价52.8元/吨，最低价48元/吨，收盘价51.23元/吨，较开盘价上涨6.73%。首日成交量410.4万吨，成交额逾2.1亿元，成交均价51.23元/吨。

7月20日，银保监会修订发布《非银行金融机构行政许可事项申请材料目录及格式要求》。

7月20日，中国人民银行发布《非银行支付机构重大事项报告管理办法》，明确非银支付机构拟IPO、对外投资超过净资产5%、拟在境外投资设立分支机构等情况都应报告。

7月29日，银保监会发布新修订的《再保险业务管理规定》，主要修订内容包括加强再保险顶层战略管理，加强再保险业务安全性、保险合同管理和经纪人的监管，支持直保市场发展并加强直保公司开展分入业务的管理等。

7月30日，中国人民银行指导中国银行间市场交易商协会（NAFMII）联合国际掉期与衍生工具协会（ISDA），发布了NAFMII主协议IBOR后备机制标准文本。

8月1日，上海票据交易所信息披露平台上线运行，商业承兑汇票信息披露制度正式施行。

8月2日，上海黄金交易所公布黄金拆借品种参与机构、银行间黄金询价业务掉期品种准入机构、银行间黄金询价业务远期品种准入机构和银行间黄金询价业务即期品种准入机构名单。

8月5日，上海黄金交易所发布《机构客户开户业务操作指引》与《特殊单位客户开户业务操作指引》。

8月6日，中国人民银行、发展改革委、财政部、银保监会和证监会联合印发《关于促进债券市场信用评级行业健康发展的通知》。

8月9日，新一代全国银行间市场本币交易平台整体上线，全面支持货币市场、债券市场、相关衍生品市场交易。

8月11日，中国人民银行发布公告，试点取消非金融企业债务融资工具发行环节信用评级的要求。

8月14日，上海票据交易所投产上线新一代票据业务系统一期（供应链票据平台）。

8月18日，中国人民银行、发展改革委、财政部、银保监会、证监会和外汇局联合发布《关于推动公司信用类债券市场改革开放高质量发展的指导意见》。

9月3日，中国人民银行印发《关于新增3 000亿元支小再贷款额度 支持地方法人金融机构向小微企业和个体工商户发放贷款有关事宜的通知》，向全国新增支小再贷款额度3 000亿元，引导地方法人金融机构加大对小微企业和个体工商户的贷款投放，降低融资成本。

9月10日，中国人民银行、银保监会、证监会、外汇局、广东省人民政府、香港特别行政区政府与澳门特别行政区政府共同举办了“跨境理财通”业务试点启动仪式，粤港澳三地同时发布《粤港澳大湾区“跨境理财通”业务试点实施细则》。

9月15日，中国人民银行、香港金融管理局发布联合公告，开展内地与香港债券市场互联互通南向合作，中国人民银行发布《关于开展内地与香港债券市场互联互通南向合作的通知》。

9月22日，银保监会发布《商业银行监管评级办法》，从总体上对银行机构监管评级工作进行规范，完善银行监管评级制度，充分发挥监管评级在非现场监管中的核心作用和对银行风险管理的导向作用。

9月24日，内地与香港债券市场互联互通南向合作正式上线运行。

9月30日，财政部发布《资产管理产品相关会计处理规定（征求意见稿）》，自2022年1月1日起正式实施。

10月15日，中国人民银行、银保监会联合发布我国系统重要性银行名单及《系统重要性银行附加监管规定（试行）》。

10月15日，上海黄金交易所发布《关于修订〈上海黄金交易所异常交易监控制度的暂行规定〉（修订版）的公告》，废止原有相应规定。

10月29日，中国国债正式纳入富时世界国债指数（WGBI）。至此，我国国债已被全球三大主流债券指数纳入。

10月29日，中国人民银行会同银保监会、财政部制定《全球系统重要性银行总损失吸收能力管理办法》，完善我国全球系统重要性银行监管和风险处置的制度框架，增强防范化解系统性金融风险能力。

11月12日，中国人民银行印发《关于设立碳减排支持工具有关事宜的通知》，引导金融机构向清洁能源、节能环保、碳减排技术三个碳减排重点领域提供优惠利率融资。

11月19日，上海黄金交易所公布银行间黄金询价业务即期品种准入机构、黄金拆借品种参与机构、银行间黄金询价业务掉期品种准入机构和银行间黄金询价业务远期品种准入机构名单。

11月20日，上海票据交易所对中国票据交易系统进行升级，投产上线再贴现业务票款对付（DVP）结算功能。

11月21日，中国人民银行联合发展改革委、能源局印发《关于设立支持煤炭清洁高效利用专项再贷款有关事宜的通知》，引导金融机构向煤的大规模清洁生产、清洁燃烧技术运用等七个煤炭清洁高效利用领域提供优惠利率融资。

12月3日，上海黄金交易所发布《上海黄金交易所会员监督管理实施细则》。

12月7日，中国银行间市场交易商协会发布《中国银行间市场交易商协会专业委员会管理办法（修订稿）》。

12月8日至10日，中央经济工作会议在北京召开。

12月15日，中国人民银行下调金融机构人民币存款准备金率0.5个百分点（不含已执行5%存款准备金率的机构）。

12月15日，中国人民银行上调金融机构外汇存款准备金率2个百分点，由7%提高到9%。

12月16日，上海黄金交易所制定并发布了《上海黄金交易所租借基准费率业务规程（试行）》。

12月17日，银保监会出台《理财公司理财产品流动性风险管理办法》，办法涵盖了治理架构与管理措施、投资交易管理、认购与赎回管理、合作机构管理等业务环节的规范。

12月23日，中国人民银行、外汇局发布《关于支持新型离岸国际贸易发展有关问题的通知》，鼓励银行优化金融服务，为诚信守法企业开展真实、合规的新型离岸国际贸易提供跨境资金结算便利。

12月28日，中国人民银行、发展改革委公告废止《境内金融机构赴香港特别行政区发行人民币债券管理暂行办法的通知》。

12月31日，中国人民银行印发《关于两项直达货币政策工具转换和接续持续支持小微企业发展有关事宜的通知》，将两项直达实体经济的货币政策工具接续转换为市场化政策工具，持续支持小微企业发展。

12月31日，中国人民银行发布《宏观审慎政策指引（试行）》，阐明健全宏观审慎政策框架、完善宏观审慎治理机制的思路及原则。

附录二　中国金融市场统计

附表1　2000—2021年主要宏观

项目	2000年	2001年	2002年	2003年	2004年	2005年	2006年	2007年	2008年	2009年
国内生产总值（GDP）/亿元	99 215	109 655	120 333	135 823	159 878	184 937	216 314	265 810	314 045	340 903
增长率/%	8.4	8.3	9.1	10	10.1	10.4	12.7	14.2	9.6	9.2
进出口总额/亿美元、亿元	4 743	5 097.7	6 208	8 512	11 547	14 221	17 607	21 738	25 616	22 073
增长率/%	31.5	7.5	21.8	37.1	35.7	23.2	23.8	23.5	17.8	-13.9
出口/亿美元、亿元	2 492	2 661	3 256	4 384	5 934	7 620	9 690	12 205	14 307	12 016
进口/亿美元、亿元	2 251	2 436.1	2 952	4 128	5 614	6 601	7 915	9 561	11 326	10 059
外汇储备/亿美元	1 655.7	2 121.7	2 864	4 033	6 099	8 189	10 663	15 282	19 460	23 992
外商直接投资/亿美元	408	468.5	527	535	606	603	694.7	747.7	924	900
财政收入/亿元	13 380.1	16 371	18 914	21 691	26 355.9	31 628	38 760.2	51 304	61 330	68 518
财政支出/亿元	15 879.4	18 844	22 012	24 607	28 360.8	33 708.1	40 222.7	49 565.4	62 593	76 300
赤字或盈余/亿元	-2 499.3	-2 473	-3 098	-2 916	-2 004.9	-2 080.1	-1 462.5	1 738.6	-1 263	-7 782
货币供应量（M2）/亿元	134 610.3	158 301.9	185 007	221 222.8	254 107	296 040.1	345 577.9	403 401.3	475 166.6	606 223.6
增长率/%	12.3	17.6	16.9	19.6	14.9	16.5	16.7	16.7	17.8	27.6
货币供应量（M1）/亿元	53 147.2	59 871.6	70 822	84 118.6	95 969.7	107 279.9	126 028.1	152 519.2	166 217.1	220 004.5
增长率/%	15.9	12.7	18.3	18.8	14.1	11.8	17.5	21.0	9.0	32.4
货币供应量（M0）/亿元	14 652.7	15 688.8	17 278	19 746	21 468.3	24 032.8	27 072.6	30 334.3	34 218.96	38 245.97
增长率/%	8.9	7.1	10.1	14.3	8.7	11.9	12.6	12	12.8	11.8
城镇居民人均可支配收入/元	6 280	6 859.6	7 703	8 500	9 422	10 493	11 759	13 786	15 781	17 175
实际增长率/%	6.4	8.5	13.4	9	7.7	9.6	10.4	12.2	8.4	9.8
农村居民人均纯收入/元	2 253	2 366	2 475.6	2 622	2 936	3 255	3 587	4 140	4 761	5 153
实际增长率/%	2.1	4.2	4.8	4.3	6.8	6.2	7.4	9.5	8	8.5
金融机构各项存款/亿元	123 804.4	143 617.2	170 917.4	208 055.6	241 424.3	300 208.6	348 015.6	401 051.4	478 444.2	612 005.1
增长率/%	13.8	16.0	19.0	21.7	16.0	24.3	15.9	15.2	19.3	27.9
金融机构各项贷款/亿元	99 371.1	112 314.7	131 293.9	158 996.2	178 197.8	206 838.5	238 279.8	277 746.5	320 048.7	425 622.6
增长率/%	6.0	13.0	16.9	21.1	12.1	16.1	15.2	16.6	15.2	33.0
居民消费价格指数（CPI）/%	0.4	0.7	-0.8	1.2	3.9	1.8	1.5	4.8	5.9	-0.7

数据来源：国家统计局、中国人民银行、财政部。

注：1．往年数据根据最新公布数据有所调整。

2．2009年以后的进出口总额、进口、出口数据以人民币计。

经济金融指标（年末余额）

2010年	2011年	2012年	2013年	2014年	2015年	2016年	2017年	2018年	2019年	2020年	2021年
408 903	484 124	534 123	595 244	643 974	689 052	743 585	832 036	919 281	990 865	1015 986	1143 670
10.6	9.5	7.7	7.8	7.3	7	6.8	6.9	6.7	6.1	2.3	8.1
201 723	236 402	244 160	258 168	264 242	245 503	243 386	278 099	305 010	315 505	321 557	391 009
34.7	17.2	3.2	5.7	2.39	-7	-0.9	14.2	9.7	3.4	1.9	21.4
107 023	123 241	129 359	137 131	143 884	141 167	138 419	153 309	164 129	172 342	179 326	217 348
94 700	113 161	114 801	121 037	120 358	104 336	104 967	124 790	140 881	143 162	142 231	173 661
28 473	31 811	33 116	38 213	38 430	33 304	30 105	31 399	30 727	31 079	32 165.22	32 501.66
1 057	1 160	1 117	1 176	1 196	1 263	1 260	1 310	1 350	1 381	1 444	1 735
83 102	103 874	117 254	129 210	140 370	152 269	159 605	172 593	183 360	190 382	182 895	202 539
89 874	10 9248	125 953	140 213	151 662	175 768	188 793	203 330	220 906	238 874	245 588	236 233
-6 772	-5 374	-8 699	-11 003	-11 312	-23 499	-29 188	-30 734	-37 546	-48 492	-62 693	-33 694
725 851.79	851 590.9	974 148.8	1 106 524.98	1 228 374.81	1 392 278.11	1 550 066.67	1 676 768.54	1 826 744.22	1 986 488.82	2 186 795.89	2 382 899.56
19.7	13.5	14.4	13.6	11	13.3	11.4	8.2	8.1	8.7	10.1	9
266 621.54	289 847.7	308 664.2	337 291.05	348 056.41	400 953.44	486 557.24	543 790.15	551 685.91	576 009.15	625 580.99	647 443.35
21.2	7.9	6.5	9.3	3.2	15.2	21.4	11.8	1.5	4.4	8.6	3.5
44 628.17	50 748.46	54 659.77	58 574.44	60 259.53	63 216.58	68 303.87	70 645.6	73 208.4	77 819.47	84 314.53	90 825.15
16.7	13.8	7.7	7.1	2.9	4.9	8.1	3.4	3.6	5.4	9.2	7.7
19 109	21 810	24 565	26 955	28 844	31 195	33 616	36 396	39 251	42 359	43 834	47 412
7.8	8.4	12.6	9.7	6.8	6.6	5.6	8.3	7.8	5	3.5	8.2
5 919	6 977	7 917	8 896	9 892	11 422	12 363	13 432	14 617	16 021	17 131	18 931
10.9	11.4	13.5	9.3	11.2	7.5	6.2	7.3	8.8	9.6	6.9	10.5
733 382.03	826 701.35	943 102.27	1 070 587.72	1 173 734.59	1 397 752.11	1 555 247.07	1 692 727.15	1 825 158.24	1 981 642.58	2 183 744.07	2 386 062.38
19.8	12.7	14.1	13.5	9.6	19.1	11.3	8.8	7.8	8.6	10.2	9.3
509 225.95	581 892.5	672 874.61	766 326.64	867 867.89	993 459.69	1 120 551.79	1 256 073.74	1 417 516.44	1 586 020.56	1 784 033.85	1 985 107.52
19.6	14.3	15.6	13.9	13.3	14.5	12.8	12.1	12.9	11.9	12.5	11.3
3.3	5.4	2.6	2.6	2	1.4	2	1.6	2.1	2.9	2.5	0.9

附表2　2000—2021年新增本外币

项目	2000年	2001年	2002年	2003年	2004年	2005年	2006年	2007年	2008年	2009年
金融机构各项存款	123 804	143 617.2	170 917.4	208 055.6	241 424.3	300 208.6	3 480 15.6	401 051.4	478 444.21	612 005.1
比上年年末增长	13.8	16.0	19.0	21.7	16.0	24.3	15.9	15.2	19.3	27.9
其中：城乡居民储蓄	64 332.4	73 762.4	86 910.7	103 617.7	119 555.4	147 053.7	166 616.2	176 213.3	221 503.47	264 756.9
比上年年末增长	7.9	14.7	17.8	19.2	15.4	23.0	13.3	5.8	25.7	19.5
企业存款	44 093.7	51 546.6	60 028.6	72 487.1	84 669.5	101 750.6	118 851.7	144 814.1	164 385.79	224 360
比上年年末增长	18.6	16.9	16.5	20.8	16.8	20.2	16.8	21.8	13.5	36.5
金融机构各项贷款	99 371.1	112 314.7	131 293.9	158 996.2	178 197.8	206 838.5	238 279.8	277 746.5	320 048.68	425 622.6
比上年年末增长	6.0	13.0	16.9	21.1	12.1	16.1	15.2	16.6	15.2	33.0
其中：短期贷款	65 748.1	67 327.2	76 822.4	87 397.9	90 808.3	91 157.5	101 698.2	118 898	128 571.47	151 390.7
比上年年末增长	2.9	2.4	14.1	13.8	3.9	0.4	11.6	16.9	8.1	17.7
中长期贷款	27 931.2	39 238.1	51 731.6	67 251.7	81 010.1	92 940.5	113 009.8	138 581	164 160.42	235 591.3
比上年年末增长	16.5	40.5	31.8	30.0	20.5	14.7	21.6	22.6	18.5	43.5

数据来源：中国人民银行。

存贷款构成及增长率（年末余额）

单位：亿元、%

2010年	2011年	2012年	2013年	2014年	2015年	2016年	2017年	2018年	2019年	2020年	2021年
733 382.03	826 701.35	943 102.27	1 070 587.72	1 173 734.59	1 397 752.11	1 555 247.07	1 692 727.15	1 825 158.24	1 981 642.58	2 183 744.07	2 386 062.38
19.8	12.7	14.1	13.5	9.6	19.1	11.3	8.8	7.8	8.6	10.2	9.3
307 166.39	357 901.58	415 549.87	471 090.18	512 790.14	551 928.92	606 522.23	651 983.38	724 438.51	821 296.39	93 4383.14	1 033 117.54
16	16.5	16.1	13.4	8.9	7.6	9.9	7.5	11.1	13.4	13.8	10.6
252 960.27	423 086.61	478 730.2	541 793.87	591 069.28	455 208.83	530 895.41	571 640.83	589 104.74	621 147.01	688 218.21	730 136.82
12.7	67.3	13.2	13.2	9.1	-22.9	16.6	7.7	3.1	5.4	10.8	6.1
509 225.95	581 892.5	672 874.61	766 326.64	867 867.89	993 459.69	1 120 551.79	1 256 073.74	1 417 516.44	1 586 020.56	1 784 033.85	1 985 107.52
19.6	14.3	15.6	13.9	13.3	14.5	12.8	12.1	12.9	11.9	12.5	11.3
171 236.64	217 480.1	268 152.19	311 771.97	336 371.27	359 190.66	371 286.36	405 492.17	432 776.46	462 715.17	487 247.04	516 011.42
13.11	27	23.3	16.3	7.9	6.8	3.4	9.2	6.7	6.9	5.3	5.9
305 127.55	333 746.51	363 894.22	410 345.5	471 818.36	537 832.55	634 209.87	750 130.12	854 188.75	971 567.92	1 137 402.06	1 291 006.29
29.5	9.4	9	12.8	15	14	17.9	18.3	13.9	13.7	17.1	13.5

附表3 2006—2021年贷款余额、债券存量、股票市值与GDP的比例

单位：亿元、%

年份	GDP	贷款余额	贷款余额/GDP	债券存量	债券存量/GDP	股票总市值	股票总市值/GDP
2006	216 314	238 280	110.2	92 740	42.9	89 404	41.3
2007	265 810	277 747	104.5	124 470	46.8	327 140.9	123.1
2008	314 045	320 049	101.9	151 648	48.3	121 366.4	38.6
2009	340 903	425 623	124.9	176 430	51.8	243 939.12	71.6
2010	397 983	509 226	128	205 481	51.6	265 422.59	66.7
2011	471 564	581 893	123	223 786	47.5	214 758.1	45.5
2012	519 470	672 875	130	262 058	50.4	230 357.6	44.3
2013	568 845	766 327	135	296 165	52.1	239 077.2	42
2014	636 463	867 868	136	355 778	55.9	372 546.92	59
2015	676 708	993 460	147	478 978	70.8	531 304.2	78.5
2016	744 127	1 120 552	151	636 614	85.6	508 245.11	68.3
2017	827 122	1 256 074	152	740 098	89.5	567 475.37	68.6
2018	900 309	1 417 516	157	870 016	96.6	434 924	48.3
2019	990 865	1 586 021	160	991 043	100	483 461.26	48.8
2020	1 015 986	1 784 034	175	1 167 200	115	797 238	78.5
2021	1 143 670	1 985 108	174	1 331 106	116	916 088	80.1

数据来源：中国人民银行、中国证监会。

注：1. 贷款余额指金融机构本外币各类贷款。

2. 债券存量为包括银行间债券托管数和交易所债券托管数在内的总托管量。

附表4 2010—2021年社会融资增量结构

单位：万亿元

年份	融资增量总额	人民币贷款	外币贷款	委托贷款	信托贷款	未贴现银行承兑汇票	企业债券净融资	非金融企业境内股票融资	其他
2010	13.94	7.86	0.49	0.88	0.39	2.34	1.11	0.58	0.29
2011	12.83	7.47	0.57	1.3	0.2	1.03	1.37	0.44	0.45
2012	15.76	8.20	0.92	1.28	1.28	1.05	2.26	0.25	0
2013	17.29	8.89	0.58	2.54	1.84	0.78	1.8	0.22	0
2014	16.41	9.78	0.36	2.51	0.52	-0.13	2.43	0.44	0
2015	15.29	11.27	-0.64	1.59	0.04	-1.06	2.82	0.76	0
2016	17.8	12.4	-0.56	2.18	0.86	-1.95	3	1.24	0.6
2017	19.44	13.84	0.0018	0.77	2.26	0.54	0.45	0.87	0.71
2018	19.26	15.67	-0.4203	-1.61	-0.69	-0.63	2.49	0.36	4.1
2019	25.67	16.88	-0.1274	-0.9396	-0.3467	-0.4755	3.34	0.3478	6.18
2020	34.86	20.03	0.1450	-0.3954	-1.1	0.1746	4.45	0.8923	10.66
2021	31.35	19.94	0.1714	-0.1696	-2.0073	-0.4917	3.29	1.2357	8.32

数据来源：中国人民银行。

附表5 1997—2021年银行间同业拆借与债券回购成交情况

单位：亿元

年份	拆借	质押式回购交易额	买断式回购交易额
1997	8 298	310	—
1998	1 978	1 021	—
1999	3 291	3 957	—
2000	6 728	15 785	—
2001	8 082	40 133	—
2002	12 107	101 885	—
2003	24 113	117 203	—
2004	14 556	93 105	1 263
2005	12 783	156 784	2 223
2006	21 503	263 021	2 892
2007	106 466	440 672	7 253
2008	150 492	563 830	17 376
2009	193 505	677 007	25 891
2010	278 684	846 533	29 402
2011	334 412	966 650	27 885
2012	467 044	1 366 174	50 966
2013	355 190	1 519 757	61 882
2014	376 626	2 124 191	120 035
2015	642 135	4 324 109	253 528
2016	959 131	5 682 693	330 335
2017	789 811	5 882 607	281 077
2018	1 392 987	7 086 726	140 036
2019	1 516 372	8 100 887	96 427
2020	1 471 425	9 527 158	70 357
2021	1 188 208	10 404 513	47 423

数据来源：中国外汇交易中心。

附表6 2000—2021年银行间同业拆借成员变化情况

单位：家

年份	银行	证券公司	保险公司	信托公司	财务公司	租赁公司	农村信用联社	城市信用社	资产管理公司	汽车金融公司	消费金融公司	其他	总计
2000	232	14	—	—	20	—	148	—	—	—	—	3	417
2001	246	18	—	—	25	—	198	—	—	—	—	3	490
2002	261	41	—	—	25	—	202	4	—	—	—	3	536
2003	289	56	—	—	32	—	229	10	—	—	—	1	617
2004	309	64	—	—	35	—	236	11	—	—	—	1	656
2005	323	66	—	—	38	—	239	12	—	—	—	1	679
2006	339	53	—	—	46	—	250	15	—	—	—	0	703
2007	326	56	—	3	49	—	267	16	—	—	—	0	717
2008	340	58	—	16	55	4	298	13	2	2	—	0	788
2009	348	65	6	26	68	6	320	9	3	3	—	0	854
2010	347	68	6	30	72	11	338	8	3	5	—	0	888
2011	347	70	7	38	77	11	369	7	4	6	—	1	937
2012	359	77	7	39	81	16	422	7	5	8	—	1	1 022
2013	368	82	9	45	98	16	482	7	5	9	—	1	1 122
2014	349	87	10	54	129	17	547	7	5	13	—	1	1 219
2015	355	90	15	57	154	20	661	7	5	16	—	2	1 382
2016	390	95	31	62	180	24	916	0	8	17	—	2	1 725
2017	497	96	43	62	213	40	973	0	8	21	3	2	1 958
2018	573	97	52	62	226	54	1 017	0	8	23	8	3	2 123
2019	1 338	102	53	66	236	66	282	0	9	24	13	1	2 190
2020	1 432	102	53	66	238	66	266	0	9	24	20	2	2 278
2021	1 510	104	60	66	245	66	237	0	9	24	22	2	2 345

数据来源：全国银行间同业拆借中心。

附表7 2017—2021年票据市场情况

单位：万亿元

年份	承兑发生额	贴现发生额	转贴现交易额	回购交易额
2017	14.63	6.95	44.48	6.92
2018	18.27	9.94	34.63	7.12
2019	20.38	12.46	38.82	12.12
2020	22.09	13.41	44.11	19.98
2021	24.15	15.02	46.94	22.98

数据来源：上海票据交易所。

附表8 2006—2021年债券市场现券与期货交易情况

单位：亿元、%

年份	银行间市场				交易所市场			
	现券交易额	同比增长	柜台交易额	同比增长	现券交易额	同比增长	国债期货交易额	同比增长
2006	102 558.6	70.55	42.8	−34.86	1 977.83	—	—	—
2007	156 038.21	52.15	35.7	−16.59	2 051.75	3.74	—	—
2008	371 082.7	137.82	30.4	−14.85	4 294.73	109.32	—	—
2009	472 646.43	27.37	62.8	106.58	4 659.86	8.5	—	—
2010	640 418.98	35.5	41.7	−33.6	5 832.26	25.16	—	—
2011	636 422.9	−0.62	27.89	−33.12	6 839.9	17.28	—	—
2012	751 952.83	18.15	14.99	−46.25	9 852.7	44.05	—	—
2013	416 106.44	−44.66	18.72	24.88	17 387.6	76.48	3 063.89	—
2014	403 565.2	−3	71.7	283.01	27 874.4	60.31	8 785.17	186.73
2015	867 370.1	114.9	109.3	52.4	33 994.6	22	60 106.8	584.18
2016	1 270 918.3	46.5	87.6	−19.8	51 269.9	50.8	89 013.6	48.09
2017	1 028 351.7	−19.1	245	179.7	55 597.0	8.4	140 849.1	58.23
2018	1 507 367.9	46.6	1 320.3	438.9	59 282.6	6.6	103 819.3	-26.77
2019	2 087 499.4	38.5	2 528.6	91.5	83 530.2	40.9	148 158.3	40.71
2020	2 328 245.2	11.5	3 273.6	28	201 785.8	141.6	263 689.3	77.98
2021	2 144 508.5	−7.9	4 130.3	26.2	289 275.4	43.4	275 130.2	4.39

数据来源：中国人民银行。

附表9 2021年债券市场现券交易情况

单位：亿元、%

时间	银行间债券市场					交易所债券市场		
	现券交易额	同比增长	银行间债券总指数	柜台市场交易额	同比增长	现券交易额	同比增长	上证企业债指数
2021年1月	161 889.7	11.3	117.38	333.0	68.7	20 771.5	216.1	250.39
2021年2月	108 865.1	10.8	117.14	263.5	4.6	12 460.1	56.9	251.05
2021年3月	190 283.8	-22.1	117.46	443.2	-10.2	19 679.2	1.7	252.06
2021年4月	171 147.9	-32.8	117.67	199.6	-66.3	18 876.8	-5.6	253.11
2021年5月	149 943.0	-30.9	117.98	358.0	22.8	22 646.7	71.4	254.13
2021年6月	185 275.6	-21.1	117.88	452.6	54.8	21 587.0	56.8	255.02
2021年7月	202 399.5	-23.3	119.10	331.8	165.1	28 407.4	39.3	255.84
2021年8月	200 577.0	-11.7	119.09	560.5	220.2	29 763.7	55.3	257.13
2021年9月	180 296.8	-23.3	118.85	468.4	124.7	29 152.3	87.9	257.64
2021年10月	144 387.1	36.9	118.46	195.0	89.7	20 666.5	-3.2	258.24
2021年11月	222 688.1	57.1	118.98	342.7	25.4	35 744.1	68.7	258.71
2021年12月	226 754.9	41.4	119.33	182.1	-32.4	29 520.1	26.4	259.55
合计	2 144 508.5	-7.9		4 130.3	26.2	289 275.4	43.4	

数据来源：中国人民银行、中央国债登记结算有限责任公司、上海证券交易所、中国外汇交易中心。

注：银行间债券总指数指中债银行间债券总净价指数(总值)月末收盘值，上证国债指数指上证国债净价月末收盘值。

附表10 2004—2021年

年份	政府信用债			政府支持机构债	央行票据	金融债券				同业存单
	国债	地方政府债	小计			国开行及政策性银行债	券商短融	其他金融债	小计	
2004	7 318.8	0	7 318.8	0	17 037	4 348	0	748.8	5 096.8	—
2005	7 042	0	7 042	0	27 882	6 051.7	29	1 036.3	7 117	—
2006	8 883.3	0	8 883.3	0	36 574	8 980	0	525	9 505	—
2007	23 483.4	0	23 483.4	0	40 721	10 931.9	0	972.7	11 904.6	—
2008	8 546.3	0	8 546.3	0	42 960	10 809.3	0	974	11 783.3	—
2009	16 213.6	2 000	18 213.6	0	39 740	11 678.1	0	3 071	14 749.1	—
2010	17 778.2	2 000	19 778.2	1 090	46 608	13 192.7	0	979.5	14 172.2	—
2011	15 397.9	2 000	17 397.9	1 000	14 140	19 972.7	0	3 528.5	23 501.2	—
2012	14 360.4	2 500	16 860.4	1 500	0	21 399	561	4 233.7	26 193.7	—
2013	16 945	3 500	20 445	1 900	5 362	20 760.3	2 995.9	1 321	25 077.2	340
2014	17 047.3	4 000	21 047.3	2 100	0	22 900.5	4 246.9	5 459.5	32 606.9	8 985.6
2015	19 875.4	38 350.6	58 226	2 400	0	25 790.2	3 515.6	14 794.9	44 100.7	52 975.9
2016	29 457.7	60 428.4	89 886.1	2 250	0	33 529.7	1 178.6	12 717.9	47 426.2	129 931
2017	38 661.8	43 580.9	82 242.7	2 860	0	32 814.8	392	16 961	50 167.8	201 872.4
2018	35 411	41 651.7	77 062.6	2 530	0	33 681.8	1 425	18 302.2	53 409	210 832.4
2019	40 091	43 624.3	83 715.3	3 720	0	37 401	4 491	26 693.4	68 585.4	179 712.7
2020	70 173.3	64 438.1	134 611.4	—	0	51 517.2	7 983	33 343.6	92 843.8	189 719.8
2021	66 758.1	74 826.3	141 584.4	—	0	55 059.4	5 937	35 878.7	96 875.2	217 922.9

数据来源：中国人民银行。

注：1. 国债包含记账式国债、电子式储蓄国债。

2. 其他金融债从2015年起包括银行间市场金融债券、交易所市场金融债券。

3. 2015—2019年，资产支持证券包含银行间信贷资产支持证券、交易所资产支持证券。

4. 从2020年起，政府支持机构债分别纳入企业债券和汇金债进行统计，资产支持票据从非金融企业债务融资工具中分拆单列，交易所资产支持证券纳入公司信用类债券统计。

5. 国际机构债券指境外机构法人在境内发行的债券，发行主体包含主权机构、准主权机构、境外金融和非金融机构。

债券市场发行基本情况

单位：亿元

公司信用类债券						资产支持证券	国际机构债券	标准化票据	汇金债	北金所债权融资计划	信贷资产支持证券	总计
非金融企业债券融资工具	资产支持票据（ABN）	企业债券	公司债券	交易所资产支持证券（ABS）	小计							
0	—	326	209	—	535	—	—	—	—	—	—	29 987.6
1 424.0	—	654	0	—	2 078.0	172.7	—	—	—	—	—	44 291.7
2 919.5	—	995	142.9	—	4 057.4	280	—	—	—	—	—	59 299.7
3 349.1	—	1 720.0	407.3	—	5 476.4	178.1	—	—	—	—	—	81 763.5
6 075.5	—	2 367.0	976.5	—	9 419.0	302	—	—	—	—	—	73 010.6
11 509.7	—	4 252.0	715	—	16 476.7	0	—	—	—	—	—	89 179.4
11 863.0	—	3 627.0	1 320.3	—	16 810.3	0	—	—	—	—	—	98 458.7
18 503.2	—	2 473.5	1 707.4	—	22 684.1	12.8	—	—	—	—	—	78 736
26 547.2	—	6 499.3	2 722.8	—	35 769.3	224.4	—	—	—	—	—	80 547.8
28 357.9	—	4 752.3	4 081.4	—	37 191.6	231.7	—	—	—	—	—	90 547.5
41 217.6	—	6 952.0	3 483.8	—	51 653.4	3 220.6	—	—	—	—	—	119 613.8
53 660.6	—	3 431	13 292.4	—	70 384.0	6 157.2	115	—	—	—	—	234 358.8
50 297.9	—	5 917.7	25 770.0	—	81 985.6	8 647.0	1 330.4	—	—	—	—	361 456.3
39 813.5	—	3 731.0	11 460.2	—	55 004.7	15 398.4	666	—	—	—	—	408 212.0
57 915.9	—	2 404.8	16 336.7	—	76 657.4	18 187.5	898.6	—	—	—	—	439 577.5
67 975.7	—	3 606.2	25 704.9	—	97 286.8	19 668.3	538.4	13.8	—	—	—	453 240.7
78 848.7	5 107.9	5 508.7	34 439.3	14 634.4	138 538.9	—	586.5	61.2	1 450	7 512.3	7 880.3	573 204.2
85 144.0	6 454.4	6 274.4	34 914.2	155 98.4	148 385.3	—	1 064.5	0.5	200	5 035.6	8 815.3	619 883.7

附表11 2006—2021年

年份	政府信用债			政府支持机构债及其他	央行票据	金融债券				同业存单
	国债	地方政府债	小计			国开行及政策性银行债	券商短融	其他金融债	小计	
2006	29 048	0	29 048	30	32 300	22 836	0	2 552	25 388	—
2007	46 503	0	46 503	30	36 587	28 784	0	3 486	32 270	—
2008	48 753	0	48 753	30	48 121	36 720	0	4 255	40 975	—
2009	55 411	2 000	57 411	40	42 326	44 498	0	6 454	50 952	—
2010	62 628	4 000	66 628	1 130	40 909	51 604	0	6 662	58 266	—
2011	67 839	6 000	73 839	2 130	21 290	64 778	0	9 785	74 563	—
2012	74 236	6 500	80 736	8 532	13 440	78 582	295	13 126	92 003	—
2013	83 165	8 615	91 780	10 067	5 522	88 720	810	13 535	103 064	340
2014	91 450	11 624	103 073	11 706	4 282	99 874	1 134	17 213	118 221	5 995.3
2015	101 503	48 255	149 757	13 275	4 282	110 069	436	32 174	142 678	30 274
2016	114 663	106 250	220 913	14 605	60	124 070	82	42 026	166 178	62 761
2017	129 028	147 419	276 447	16 045	60	135 437	152	52 300	187 889	80 051
2018	143 616	180 669	324 285	17 195	59.7	144 706	460	62 447	306 472	98 859
2019	161 041	211 153	372 193	19 445	280	156 927	1 745	75 937	234 609	107 239
2020	201 781	254 526	456 306	—	210	182 762	1 429	93 486	277 677	111 537
2021	225 303	302 946	528 249	—	210	203 141	1 699	108 282	313 123	139 139

数据来源:中国人民银行。

注：1. 国债包含记账式国债、电子式储蓄国债。

2. 其他金融债从2015年起包括银行间市场金融债券、交易所市场金融债券。

3. 2015—2019年，资产支持证券包含银行间信贷资产支持证券、交易所资产支持证券。

4. 从2020年起，政府支持机构债分别纳入企业债券和汇金债进行统计，资产支持票据从非金融企业债务融资工具中分拆单列，交易所资产支持证券纳入公司信用类债券统计。

5. 国际机构债券指境外机构法人在境内发行的债券，发行主体包含主权机构、准主权机构、境外金融和非金融机构。

债券市场债券托管情况

单位：亿元

公司信用类债券						资产支持证券	国际机构债券	标准化票据	汇金债	北金所债权融资计划	信贷资产支持证券	银行间托管总量	交易所托管总量	总托管量
非金融企业债券融资工具	资产支持票据（ABN）	企业债券	公司债券	交易所资产支持证券（ABS）	小计									
2 667	—	2 832	288	—	5 786	188	—	—	—	—	—	88 910	3 830	92 740
3 203	—	4 422	1 131	—	8 756	324	—	—	—	—	—	120 102	4 368	124 470
5 875	—	6 803	539	—	13 218	551	—	—	—	—	—	148 100	3 548	151 648
13 196	—	10 971	1 135	—	25 301	399	—	—	—	—	—	172 476	3 954	176 430
20 271	—	14 511	3 584	—	38 366	182	—	—	—	—	—	199 019	6 462	205 481
29 047	—	16 799	6 023	—	51 869	95	—	—	—	—	—	214 260	9 526	223 786
40 327	—	19 310	7 441	—	67 078	269	—	—	—	—	—	250 014	12 044	262 058
51 483	—	23 359	10 553	—	85 394	354	—	—	—	—	—	277 128	19 377	296 505
67 901	—	29 513	12 335	—	109 749	2 751	—	—	—	—	—	329 803	25 975	355 778
85 910	—	31 632	15 582	—	133 123	5 463	125	—	—	—	—	440 640	38 337	478 978
87 771	—	35 305	42 312	—	165 387	6 174	531	—	—	—	—	563 292	73 316	636 608
83 741	—	35 067	50 652	—	169 460	9 132	1 013	—	—	—	—	654 324	85 774	740 098
101 968	—	31 133	58 437	—	191 538	28 917	1 550	—	—	—	—	763 015	107 000	870 016
117 064	—	29 840	70 570	—	217 474	38 142	1 659	1	—	—	—	864 460	126 583	991 043
115 039	7 012	45 494	91 750	23 111	282 406	—	1 580	29	3 890	1 3958	22 221	1 007 204	162 611	1 169 815
125 462	9 158	45 760	102 177	25 040	307 596	—	1 494	0	4 110	14 971	26 068	1 147 223	187 736	1 334 959

附表12 银行间债券市场参与机构数

单位：家

年份			2014	2015	2016	2017	2018	2019	2020	2021
境内参与机构	法人类	存款类金融机构	1 088	1 302	1 560	1 745	1 859	2 068	2 261	2 342
		其他银行业金融机构	158	182	242	278	324	349	370	398
		证券类金融机构	169	171	179	185	189	194	199	207
		保险类金融机构	148	152	154	163	173	183	184	189
		非金融机构	278	280	274	274	274	265	86	84
		其他	7	7	21	20	23	23	23	23
		小计	1 848	2 094	2 430	2 665	2 842	3 082	3 123	3 243
	非法人类	证券投资基金	1 556	2 151	3 137	3 919	4 212	4 796	5 659	6 564
		企业年金	1 275	1 431	1 528	1 625	1 684	2 748	3 270	3 271
		社保基金	105	105	106	163	197	206	211	162
		保险产品	145	311	641	976	1 087	1 164	1 511	1 741
		信托产品	569	666	684	869	949	1 032	1 038	1 496
		基金公司特定客户资管组合	176	1 140	3 061	3 425	3 315	3 395	3 610	3 765
		证券公司资管计划	560	1 388	2 743	3 586	3 965	4 832	5 501	5 943
		银行理财产品	48	48	445	679	1 006	1 611	2 581	3 120
		其他	0	0	114	216	320	412	549	745
		小计	4 434	7 240	12 459	15 458	16 735	20 196	23 930	26 807
境外参与机构			180	302	407	617	1 186	2 610	905	1 016
合计			6 462	9 636	15 296	18 740	20 763	25 888	27 958	31 066

数据来源：中国人民银行。

注：境外参与机构2014—2019年统计口径包括法人和非法人两类，2020年和2021年仅包含法人类。

附表13 公开市场业务一级交易商名单

序号	机构名称	序号	机构名称
1	中国工商银行股份有限公司	2	中国农业银行股份有限公司
3	中国银行股份有限公司	4	中国建设银行股份有限公司
5	交通银行股份有限公司	6	中国邮政储蓄银行股份有限公司
7	国家开发银行	8	中国进出口银行
9	招商银行股份有限公司	10	兴业银行股份有限公司
11	上海浦东发展银行股份有限公司	12	广发银行股份有限公司
13	平安银行股份有限公司	14	浙商银行股份有限公司
15	中信银行股份有限公司	16	中国光大银行股份有限公司
17	华夏银行股份有限公司	18	恒丰银行股份有限公司
19	中国民生银行股份有限公司	20	渤海银行股份有限公司
21	北京银行股份有限公司	22	宁波银行股份有限公司
23	徽商银行股份有限公司	24	杭州银行股份有限公司
25	江苏银行股份有限公司	26	长沙银行股份有限公司
27	青岛银行股份有限公司	28	贵阳银行股份有限公司
29	南京银行股份有限公司	30	洛阳银行股份有限公司
31	上海银行股份有限公司	32	中原银行股份有限公司
33	广州银行股份有限公司	34	厦门银行股份有限公司
35	河北银行股份有限公司	36	西安银行股份有限公司
37	郑州银行股份有限公司	38	上海农村商业银行股份有限公司
39	重庆农村商业银行股份有限公司	40	北京农村商业银行股份有限公司
41	广东顺德农村商业银行股份有限公司	42	广州农村商业银行股份有限公司
43	三菱日联银行（中国）有限公司	44	汇丰银行（中国）有限公司
45	德意志银行（中国）有限公司	46	渣打银行（中国）有限公司
47	花旗银行（中国）有限公司	48	中信证券股份有限公司
49	中国国际金融股份有限公司	50	中债信用增进投资股份有限公司

资料来源：中国人民银行。

附表14　2000—2021年股票市场统计

年份	上市公司数/家	上市总股本/亿股	市价总值/亿元	流通市值/亿元	筹资总额/亿元	成交金额/亿元	平均换手率/%		平均市盈率		投资者账户/万户
							上海	深圳	上海	深圳	
2000	1 088	3 791.7	48 090.9	16 087.5	1 415.17	60 826.6	492.9	509.1	58.2	56.0	6 123.2
2001	1 160	5 218.0	43 522.2	15 228.8	1 277.33	38 305.2	269.3	227.9	37.7	39.8	6 898.7
2002	1 224	5 875.5	38 329.1	12 484.6	738.14	27 990.5	214.0	198.8	34.4	37.0	6 841.8
2003	1 287	6 428.5	42 457.7	13 178.5	806.24	32 115.3	250.8	214.2	36.5	36.2	6 981.2
2004	1 377	7 149.4	37 055.6	11 688.6	715.53	42 333.9	288.7	288.3	24.2	24.6	7 215.7
2005	1 381	7 629.5	32 430.3	10 630.5	344.13	31 663.1	274.4	320.6	16.3	16.4	7 336.1
2006	1 434	14 897.6	89 403.9	25 003.6	2 305.86	90 468.7	541.1	671.3	33.4	33.6	7 854.0
2007	1 550	22 416.9	327 140.9	93 064.4	8 303.34	460 556.2	927.2	1 062.1	59.2	72.1	9 280.6
2008	1 625	24 522.85	121 366.44	45 213.9	3 429.29	267 113.0	392.5	—	14.86	17.13	10 449.7
2009	1 718	26 162.85	243 939.12	151 258.7	4 816.07	535 986.7	—	—	28.73	46.01	12 037.7
2010	2 063	33 184.35	265 422.59	193 110.41	10 424.74	545 633.54	—	—	21.61	44.69	13 391.04
2011	2 342	36 095.52	214 758.10	164 921.3	7 312.2	421 649.72	—	—	13.4	23.11	14 050.37
2012	2 494	38 295.0	230 357.62	181 658.26	4 558.23	314 667.41	—	—	12.3	22.01	14 054.91
2013	2 489	40 569.08	239 077.19	199 579.54	4 674.98	468 728.6	—	—	10.99	27.76	13 247.15
2014	2 613	43 610.13	372 546.96	315 624.31	8 914.31	743 912.98	—	—	15.99	34.05	14 214.68
2015	2 827	49 997.26	531 304.20	417 925.40	16 064.7	2 550 538.29	—	—	17.63	52.75	21 477.57
2016	3 052	55 820.50	508 245.11	393 266.27	21 028.16	1 267 262.64	—	—	18.94	62.36	—
2017	3 482	60 919.15	567 475.37	449 105.31	17 223.86	1 124 625.07	—	—	19.67	39.53	—
2018	3 584	57 581.02	434 924.02	353 794.19	12 107.35	901 103.17	—	—	12.45	20.00	—
2019	3 777	61 719.92	592 934.57	483 461.26	15 413.25	1 366 232.67	—	—	14.55	26.15	—
2020	4 154	65 455.93	797 238.16	643 605.29	16 676.54	2 068 252.52	—	—	16.76	34.51	—
2021	4 685	70 759.28	918 242.52.	750 706.47	18 178.06	2 579 734.12			16.61	33.03	

数据来源：Wind。

附表15 2000—2021年股票市场成交量和股票指数变化情况

单位：亿元、点

年份	成交金额	日均成交	上证综指				深证综指			
			开盘	最高	最低	收盘	开盘	最高	最低	收盘
2000	60 826.6	254.5	1 368.69	2 125.72	1 361.21	2 073.48	402.71	654.37	414.69	635.73
2001	38 305.2	159.6	2 077.08	2 245	1 515	1 645.97	636.62	664.85	439.36	475.94
2002	27 990.5	118.1	1 643.49	1 748.89	1 339.2	1 357.65	475.14	512.38	371.79	388.76
2003	32 115.3	133.25	1 347.43	1 649.6	1 307.4	1 497.04	386.61	449.42	350.74	378.63
2004	42 333.9	174.21	1 492.72	1 783.01	1 259.43	1 266.5	377.93	470.55	315.17	315.81
2005	31 663.1	130.84	1 260.78	1 328.53	998.23	1 161.06	313.81	333.27	237.18	278.75
2006	90 468.7	375.39	1 163.88	2 698.9	1 161.91	2 675.47	278.99	710.14	278.99	706.01
2007	460 556.2	1 903.12	2 728.19	6 092.06	2 612.54	5 261.56	555.26	1 567.74	547.89	1 447.02
2008	267 113.0	1 085.82	5 265	5 497.9	1 706.7	1 820.81	1 450.33	1 584.39	452.33	553.08
2009	535 986.7	2 196.67	1 849.02	3 478.01	1 844.09	3 277.139	560.09	1 234.12	560.1	1 201.34
2010	545 633.54	2 254.68	3 289.75	3 306.75	2 319.74	2 808.08	1 207.33	1 412.64	890.24	1 290.87
2011	421 649.72	1 728.06	2 825.33	3 067.46	2 134.02	2 199.42	1 298.59	1 316.19	828.83	866.65
2012	314 667.41	1 294.93	2 212.00	2 460.69	1 959.77	2 269.13	871.93	1 020.29	724.97	881.17
2013	468 728.6	1 969.45	2 289.51	2 434.48	1 950.01	2 115.98	887.37	1 106.27	815.89	1 057.67
2014	743 913.0	3 036.38	2 112.13	3 239.36	1 974.38	3 234.68	1 055.88	1 504.48	1 004.93	1 415.19
2015	2 550 538.29	10 453.0	3 258.63	5 178.19	2 850.71	3 539.18	1 419.44	3 156.96	1 408.99	2 308.91
2016	1 267 262.64	5 193.7	3 536.59	3 538.69	2 638.3	3 103.64	2 304.48	2 304.49	1 618.12	1 969.11
2017	1 124 625.07	4 609.1	3 105.31	3 450.50	3 016.53	3 307.17	1 972.55	2 054.02	1 753.53	1 899.34
2018	901 103.17	3 708.24	3 314.03	3 587.03	2 449.20	2 493.90	1 903.49	1 966.15	1 212.23	1 267.87
2019	1 273 572.04	5 219.56	2 497.88	3 288.45	2 440.91	3 050.12	1 270.50	1 799.10	1 231.83	1 722.95
2020	2 068 252.52	8 511.33	3 066.34	3 474.92	2 646.81	3 473.07	1 734.63	2 333.46	1 552.96	2 329.37
2021	2 579 734.12	10 616.19	3 474.68	3 731.69	3 312.72	3 639.78	2 335.16	2 571.27	2 130.09	2 530.14

数据来源：中国证监会、上海证券交易所、深圳证券交易所。

附表16　银行间市场人民币外汇即期交易做市商名单

序号	机构名称	序号	机构名称
1	中国工商银行股份有限公司	2	中国农业银行股份有限公司
3	中国银行股份有限公司	4	中国建设银行股份有限公司
5	交通银行股份有限公司	6	中信银行股份有限公司
7	招商银行股份有限公司	8	中国光大银行股份有限公司
9	华夏银行股份有限公司	10	广发银行股份有限公司
11	平安银行股份有限公司	12	兴业银行股份有限公司
13	中国民生银行股份有限公司	14	国家开发银行
15	上海银行股份有限公司	16	南京银行股份有限公司
17	宁波银行股份有限公司	18	法国巴黎银行（中国）有限公司
19	上海浦东发展银行股份有限公司	20	星展银行（中国）有限公司
21	汇丰银行（中国）有限公司	22	渣打银行（中国）有限公司
23	摩根大通银行（中国）有限公司	24	瑞穗银行（中国）有限公司
25	三菱日联银行（中国）有限公司		

资料来源：中国外汇交易中心。

附表17 1994—2021年人民币兑外币中间价

年份	美元	欧元	日元	港元	英镑	林吉特	卢布	兰特	韩元	迪拉姆	里亚尔	福林	兹罗提	丹麦克朗	瑞典克朗	挪威克朗	里拉	比索	澳大利亚元	加拿大元	新西兰元	新加坡元	瑞士法郎
1994	844.91	—	7.78	112.66	—	—	—	—	—	—	—	—	—	—	—	—	—	—	—	—	—	—	—
1995	831.79	—	8.070 3	107.6	—	—	—	—	—	—	—	—	—	—	—	—	—	—	—	—	—	—	—
1996	829.92	—	7.161 3	107.19	—	—	—	—	—	—	—	—	—	—	—	—	—	—	—	—	—	—	—
1997	827.98	—	6.362 7	106.81	—	—	—	—	—	—	—	—	—	—	—	—	—	—	—	—	—	—	—
1998	827.87	—	7.1719	106.78	—	—	—	—	—	—	—	—	—	—	—	—	—	—	—	—	—	—	—
1999	827.93	—	8.093 3	106.51	—	—	—	—	—	—	—	—	—	—	—	—	—	—	—	—	—	—	—
2000	827.81	—	7.242 2	106.06	—	—	—	—	—	—	—	—	—	—	—	—	—	—	—	—	—	—	—
2001	827.66	—	6.300 5	106.06	—	—	—	—	—	—	—	—	—	—	—	—	—	—	—	—	—	—	—
2002	827.73	863.6	6.903 5	106.11	—	—	—	—	—	—	—	—	—	—	—	—	—	—	—	—	—	—	—
2003	827.69	1 033.8	7.7263	106.57	—	—	—	—	—	—	—	—	—	—	—	—	—	—	—	—	—	—	—
2004	827.65	1 126.3	7.970 1	106.37	—	—	—	—	—	—	—	—	—	—	—	—	—	—	—	—	—	—	—
2005	807.02	957.97	6.871 6	104.03	—	—	—	—	—	—	—	—	—	—	—	—	—	—	—	—	—	—	—
2006	780.87	1 026.7	6.563	100.47	1 532.3	—	—	—	—	—	—	—	—	—	—	—	—	—	—	—	—	—	—
2007	730.46	1 066.7	6.406 4	93.638	1 458.1	—	—	—	—	—	—	—	—	—	—	—	—	—	—	—	—	—	—
2008	683.45	965.9	7.565	88.189	987.98	—	—	—	—	—	—	—	—	—	—	—	—	—	—	—	—	—	—
2009	682.82	979.71	7.378 2	88.048	1 097.8	—	—	—	—	—	—	—	—	—	—	—	—	—	—	—	—	—	—
2010	662.27	880.65	8.126	85.093	1 021.8	46.649	462.05	—	—	—	—	—	—	—	—	—	—	—	—	—	—	—	—
2011	630.09	816.25	8.110 3	81.07	971.16	50.279	508.6	—	—	—	—	—	—	—	—	—	—	—	640.93	617.77	—	—	—
2012	628.55	831.76	7.304 9	81.085	1 016.1	48.865	485.28	—	—	—	—	—	—	—	—	—	—	—	653.63	631.84	—	—	—
2013	609.69	841.89	5.777 1	78.623	1 005.6	54.141	539.85	—	—	—	—	—	—	—	—	—	—	—	543.01	572.59	—	—	—
2014	611.9	745.56	5.137 1	78.887	954.37	56.737	905.36	—	—	—	—	—	—	—	—	—	—	—	501.74	527.55	480.34	463.96	—
2015	649.36	709.52	5.387 5	83.778	961.5	66.051	1 131	—	—	—	—	—	—	—	—	—	—	—	472.76	468.14	444.26	458.75	640.18
2016	693.7	730.68	5.959 1	89.451	850.94	64.406	869.06	196.75	17 371.0	52.938	54.062	4 247.68	60.355	101.71	131.16	124.27	50.757	298.64	501.57	514.06	483.08	479.95	679.89
2017	653.42	780.23	5.788 3	83.591	877.92	62.224	881.4	189.5	16 369.0	56.212	57.397	3 973.0	53.576	95.43	126.24	126.24	57.834	301.65	509.28	520.09	463.27	488.31	667.79
2018	686.32	784.73	6.188 7	87.62	867.62	60.683	1 013.83	211.19	16 327.0	53.537	54.685	4 091.61	54.732	95.17	131.34	127.74	77.151	287.02	482.5	503.81	459.54	500.62	694.94
2019	689.01	774.7	6.382 8	89.608	905.74	59.236	885.06	202.69	16 618.0	52.612	53.758	4 285.15	54.983	96.47	134.65	127.7	85.049	271.62	483.34	530.69	463.88	515.4	712.67
2020	652.49	802.5	6.323 6	84.164	899.03	61.833	1 140.11	224.33	16 675.0	56.302	57.505	4 542.9	57.079	92.71	125.59	130.77	113.161	304.86	501.63	511.61	470.5	493.14	740.06
2021	637.57	721.97	5.541 5	81.76	860.64	65.503	1 170.04	249.78	18 656.0	57.602	58.884	5 109.1	63.624	102.98	141.84	138.23	207.365	320.9	462.2	500.46	435.53	471.79	697.76

数据来源：国家外汇管理局。

注：1. 外币兑人民币中间价取当年最后一个交易日的中间价。

2. 人民币对马来西亚林吉特、俄罗斯卢布、南非兰特、韩元、阿联酋迪拉姆、沙特里亚尔、匈牙利福林、波兰兹罗提、丹麦克朗、瑞典克朗、挪威克朗、土耳其里拉、墨西哥比索汇率中间价采取间接标价法；人民币对其他10种货币汇率中间价采取直接标价法。

附表18 1993—2021年期货市场成交情况

单位：亿元、万手

年份	商品期货市场		金融期货市场	
	成交额	成交量	成交额	成交量
1993	5 521.99	890.69	—	—
1994	31 601.41	12 110.72	—	—
1995	100 565.3	63 612.07	—	—
1996	84 119.16	34 256.77	—	—
1997	61 170.66	15 876.32	—	—
1998	36 967.24	10 445.57	—	—
1999	22 343.01	7 363.91	—	—
2000	16 082.29	5 461.07	—	—
2001	30 144.98	12 046.35	—	—
2002	39 490.16	13 943.26	—	—
2003	108 389.03	27 986.42	—	—
2004	146 935.31	30 569.76	—	—
2005	134 448.38	32 284.75	—	—
2006	210 046.34	44 947.41	—	—
2007	409 722.43	72 842.68	—	—
2008	719 141.94	136 388.71	—	—
2009	1 305 107.20	215 742.98	—	—
2010	2 269 852.69	304 194.19	821 397.94	9 147.66
2011	937 503.93	100 372.53	437 659.55	5 041.62
2012	952 862.59	134 546.42	758 406.78	10 506.18
2013	1 264 695.8	186 827.38	1 410 066.21	19 354.93
2014	1 279 712.5	228 343.25	1 640 169.73	21 758.1
2015	1 356 307.36	323 715.31	4 173 852.33	34 052.95
2016	1 774 124.99	411 943.24	182 191.10	1 833.59
2017	1 633 042.09	305 155.38	245 922.02	2 459.59
2018	1 846 960.97	300 165.53	261 222.97	2 721.01
2019	2 209 875.26	389 566.73	696 210.17	6 641.04
2020	3 220 907.56	603 734.46	1 154 350.96	11 528.14
2021	4 630 336.71	739 199.23	1 181 651.64	12 203.32

数据来源：中国期货业协会。

注：自2011年起成交量以单边计算；表中数据均不含期转现交易。

附表19 2003—2021年黄金市场成交情况

单位：亿元、吨

年份	成交金额	成交量
2003	459.2	470.7
2004	731.0	665.3
2005	1 069.8	906.4
2006	1 947.5	1 249.6
2007	3 164.9	1 828.1
2008	8 683.9	4 457.6
2009	10 288.8	4 710.8
2010	16 157.8	6 051.5
2011	24 772.2	7 438.5
2012	21 506.3	6 350.2
2013	32 133.8	11 614.5
2014	45 891.6	18 486.7
2015	80 083.9	34 067.3
2016	130 240.6	48 676.6
2017	149 751.9	54 292.0
2018	183 046.4	67 510.3
2019	214 944.8	68 574.4
2020	225 507.8	58 671.5
2021	130 812.6	34 841.1

数据来源：上海黄金交易所。

附表20 2007—2021年商业银行OTC黄金业务统计

年份	成交情况	账户金		实物金			其他业务								
		美元账户金/万盎司、亿美元	人民币账户金/吨、亿元	自营/吨、亿元	代理/吨、亿元	黄金积存、定投/吨、亿元	黄金租赁/吨、亿元	黄金拆借/吨、亿元	黄金质押/吨、亿元	境内美元报价黄金远期/万盎司、亿美元	境内美元报价黄金期权/万盎司、亿美元	境内美元报价黄金掉期/万盎司、亿美元	境内人民币报价黄金远期/吨、亿元	境内人民币报价黄金掉期/吨、亿元	境内人民币报价黄金期权/吨、亿元
2007	成交量	157.68	352.71	6.09	3.96	—	33.11	1.20	—	204.93	8.48	—	—	—	—
	成交金额	11.08	607.05	11.20	7.16	—	56.40	2.31	—	11.84	0.60	—	—	—	—
2008	成交量	293.09	1 332.55	33.12	4.13	—	73.99	11.40	—	574.85	6.28	—	—	—	—
	成交金额	25.37	2 546.30	66.68	8.18	—	141.50	20.16	—	54.44	0.58	—	—	—	—
2009	成交量	579.96	1 381.16	40.73	3.43	0.54	91.29	7.56	—	162.06	2.29	—	—	—	—
	成交金额	57.34	2 923.48	89.90	7.64	1.30	191.98	15.09	—	15.98	0.22	—	—	—	—
2010	成交量	418.67	1 205.15	80.40	3.06	12.27	155.80	10.63	0.27	257.82	1.74	—	3.09	—	—
	成交金额	51.47	3 227.49	222.90	8.53	35.29	413.25	28.85	—	32.75	0.21	—	8.78	—	—
2011	成交量	447.20	1 864.40	129.50	6.16	30.30	301.30	31.99	4.56	407.04	6.06	17.99	5.09	—	—
	成交金额	72.21	6 271.71	428.50	21.49	102.18	970.55	104.92	—	64.69	0.90	2.74	17.59	—	—
2012	成交量	424.35	1 458.89	126.20	10.55	59.85	465.01	54.80	7.43	1 331.50	61.46	49.93	20.95	—	—
	成交金额	70.71	4 947.18	443.70	41.20	205.82	1 583.70	187.23	—	222.01	10.17	8.35	70.91	—	—
2013	成交量	497.26	1 864.54	198.63	24.89	298.24	947.65	407.23	39.85	991.99	146.88	524.56	29.76	18.63	—
	成交金额	70.39	5 159.69	618.25	87.76	838.09	2 656.29	1 094.43	78.96	136.48	20.39	75.63	79.86	60.86	—
2014	成交量	250.37	910.78	91.36	25.16	594.24	1 370.69	474.80	17.14	1 735.95	40.87	341.08	197.29	10.35	0.03
	成交金额	31.59	2 289.79	250.76	94.19	1 483.77	3 438.19	1 180.97	32.83	218.64	5.18	43.68	496.33	26.01	0.07
2015	成交量	377.34	1 109.83	128.18	27.54	535.02	1 582.71	849.22	27.47	2 414.39	28.74	1 314.93	737.86	309.82	0.31
	成交金额	43.95	2 609.08	321.01	100.54	1 252.41	3 739.06	2 009.87	74.63	281.36	3.37	151.75	1 767.57	7 101.86	0.74
2016	成交量	685.04	1 889.54	143.47	34.40	463.96	1 827.78	1 242.59	3.42	1 359.40	50.53	1 814.90	799.26	32.01	0.08
	成交金额	86.47	5 064.28	396.04	135.83	1 239.66	4 855.60	3 319.76	6.00	168.84	6.34	217.35	2 134.97	85.47	0.21
2017	成交量	577.48	1 951.19	101.47	27.97	378.72	1 778.05	1 216.60	0.83	707.64	73.92	3 280.59	1 074.17	98.92	1.16
	成交金额	72.87	5 344.52	288.74	117.22	1 044.04	4 901.43	3 367.16	1.66	89.45	9.28	414.87	2 982.79	277.73	3.34
2018	成交量	593.63	2 984.04	95.66	36.04	257.61	968.16	790.58	0.17	960.18	51.45	7 792.08	856.98	31.50	144.62
	成交金额	76.39	8 035.55	269.00	146.13	700.93	2 633.05	2 149.29	0.30	122.19	6.57	996.77	2 365.06	86.78	426.96
2019	成交量	758.14	3 277.63	116.05	39.05	246.94	740.19	1 448.03	0.04	472.26	40.25	9 129.24	404.93	113.42	19.20
	成交金额	107.11	10 391.20	372.13	152.90	771.85	2 268.43	4 431.75	0.07	65.90	5.63	1 258.21	1 251.49	359.56	66.60
2020	成交量	946.63	4 185.73	155.45	32.26	298.02	602.89	1 410.12	0.78	480.39	45.82	7 410.00	360.92	248.93	76.34
	成交金额	164.28	15 952.76	621.53	142.24	1 154.44	2 304.64	5 340.85	2.20	83.20	7.80	1 253.18	1 377.40	941.83	302.42
2021	成交量	311.64	1 171.51	111.91	27.94	188.72	572.39	1 458.46	0.25	227.78	23.11	4 344.09	295.11	104.16	31.81
	成交金额	56.30	4 377.49	469.06	122.62	713.61	2 144.92	5 469.75	0.85	40.96	4.22	775.86	1 111.24	394.01	121.65

数据来源：中国人民银行上海总部黄金市场监测分析系统。

注：自营、代理品牌金的成交量统计销售量和回购量；黄金积存（黄金定投）成交量统计销售量和赎回量；2007—2013年黄金租赁业务成交量统计黄金租出量和归还量，自2014年起仅统计黄金租出量；2007—2013年黄金拆借业务统计黄金拆出量和黄金拆入量，自2014年起仅统计黄金拆出量；黄金质押统计接收质押黄金的重量。

附表21　2006—2021年利率衍生产品交易情况

单位：笔、亿元

年份	普通利率互换		标准利率互换		债券远期		标准债券远期		远期利率协议	
	交易笔数	名义本金额	交易笔数	名义本金额	交易笔数	交易量	交易笔数	交易量	交易笔数	名义本金额
2006	103	355.7	—	—	398	664.5	—	—	—	—
2007	1 978	2 186.9	—	—	1 238	2 518.1	—	—	14	10.5
2008	4 040	4 121.5	—	—	1 327	5 005.5	—	—	137	113.6
2009	4 044	4 616.4	—	—	1 599	6 556.4	—	—	27	60
2010	11 643	15 003.4	—	—	967	3 183.4	—	—	20	33.5
2011	20 202	26 759.6	—	—	436	1 030.1	—	—	3	3
2012	20 945	29 021.4	—	—	56	166.1	—	—	3	2
2013	24 409	27 277.8	—	—	1	1.01	—	—	1	0.5
2014	43 071	40 384.51	207	393	—	—	—	—	—	—
2015	64 812	82 587.33	996	5 024	83	19.6	59	17.2	—	—
2016	87 882	99 306.95	8	8	7	14.86	8	1	1	1
2017	138 404	144 057.59	0	0	15	12	0	0	0	0
2018	188 461	214 906.57	0	0	5	3.93	2 859	796.2	0	0
2019	237 654	181 394	—	—	—	—	3 891	4 368	—	—
2020	274 029	195 564.59	—	—	—	—	6 366	4 532.3	—	—
2021	251 449	210 255.11	—	—	—	—	4 404	2 614.8	—	—

数据来源：中国外汇交易中心。